Norman Bücher

Abenteuer Motivation

Norman Bücher

Abenteuer Motivation

Impulse eines Extremläufers

GOLDEGG VERLAG

Der Goldegg Verlag achtet bei seinen Büchern und Magazinen auf nachhaltiges Produzieren. Goldegg Bücher sind umweltfreundlich produziert und orientieren sich in Materialien, Herstellungsorten, Arbeitsbedingungen und Produktionsformen an den Bedürfnissen von Gesellschaft und Umwelt.

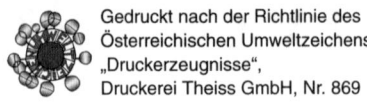
Gedruckt nach der Richtlinie des Österreichischen Umweltzeichens „Druckerzeugnisse", Druckerei Theiss GmbH, Nr. 869

MIX
Papier aus verantwortungsvollen Quellen
FSC
www.fsc.org
FSC® C012536

ISBN Print: 978-3-902991-15-7
ISBN E-Book: 978-3-902991-24-9

© 2014 Goldegg Verlag GmbH
Friedrichstraße 191 • D-10117 Berlin
Telefon: +49 800 505 43 76-0

Goldegg Verlag GmbH, Österreich
Mommsengasse 4/2 • A-1040 Wien
Telefon: +43 1 505 43 76-0

E-Mail: office@goldegg-verlag.com
www.goldegg-verlag.com

Layout, Satz und Herstellung: Goldegg Verlag GmbH, Wien
Druck und Bindung: Theiss GmbH

Vorwort

Das Wort Motivation ist in aller Munde. Viele können es nicht mehr hören ob der zahlreichen Motivations-Botschaften, die uns um die Ohren fliegen. Unzählige Bücher, Hörbücher und Seminare gibt es bereits zu diesem Thema. Warum also noch ein Motivations-Buch? Weil mir dieses Thema sehr am Herzen liegt und ich auf eine ehrliche und authentische Art und Weise aufzeigen will, dass es auch ohne „Tschaka – du schaffst es" geht. Von diesen und ähnlichen Parolen distanziere ich mich. Ich sage dir auch ganz offen: Dieses Buch wird dich nicht motivieren. Das kannst du nur selbst schaffen. Was ich dir anbieten kann, sind Impulse, Anregungen und Denkanstöße. Und genau darum geht es in diesem Buch.

Aber was bedeutet Motivation eigentlich? Wie kann Motivation noch wirklich motivierend sein? Auf eine etwas andere Art und Weise. Wenn wir nämlich die Motivation als ein Abenteuer betrachten. Ein niemals endendes Abenteuer, mit allen Höhen und Tiefen. Motivation als DIE große Herausforderung im Leben und im Beruf, nicht als etwas, das automatisch passiert, wenn wir ein paar Motivations-Parolen hören.

Ein Abenteuer benötigt zum erfolgreichen Bestehen verschiedene Elemente: eine große Vision, Ideen, konkrete Ziele, Vorbereitung und Planung. Aber auch Fokus, Hartnäckigkeit und eine große Portion Selbstdisziplin. Doch die entscheidende Erfolgskomponente zum Bestehen extremer sportlicher Projekte ist die Motivation. Der innere Antrieb, das Feuer der Begeisterung. Daraus nehme ich die Kraft und Energie für die Umsetzung meiner sportlichen Vorhaben und Expeditionen, die ich als wahre Motivations-Abenteuer ansehe.

Mit diesem Buch lade ich dich ein, den Spirit des Abenteuers Motivation in dein Leben zu lassen. Ich möchte dir keine Weisheiten anbieten, nach dem Motto „Der weiß doch eh alles besser", sondern dir Impulse und neue Denkanstöße geben, wie auch du davon in deinem Leben profitieren kannst.

Ich verfüge nicht über magische Fähigkeiten und bin auch kein außergewöhnliches Talent, um solche Leistungen wie beispielsweise bei meinem 1.120-Kilometer-Lauf durch das australische Outback zu vollbringen. Ich bin auch kein Motivations-Guru nach dem Motto „Tschaka – du schaffst es". Ich bin ein ganz normaler Mensch wie du auch. Das, was ich geschafft habe, können viele andere auch, wenn sie gewisse Erfolgsprinzipien und Grundsätze beachten.

Begib dich mit mir auf dein ganz persönliches Motivations-Abenteuer!
Viel Freude beim Lesen.

Mit abenteuerlichen Grüßen

Dein *Norman Bücher*

PS: Wenn du mehr über meine Laufabenteuer wissen und vor allem Bilder sehen möchtest, empfehle ich dir meinen Bildband *„Extreme Abenteuer – Über Grenzen laufen"*.

Inhalt

Vorwort 5

Idee & Vision: Das Abenteuer im Kopf 11

1. Träume: Die Essenz des Lebens 13
2. Vorstellungskraft: Die Macht der Bilder 17
3. Erfolgsdefinition: Bestimme, was für dich Erfolg bedeutet 23
4. Glaube: Wovon du überzeugt bist, das wirst du erreichen 26
5. Angst: Dein bester Freund 32
6. Leidenschaft: Das Spiel zwischen Herz und Vernunft 38
7. Authentizität: Sei du selbst 45
8. Motive: Erkenne, akzeptiere und lebe deine Werte 49

Ziel – Der Rohstoff für das Abenteuer 57

9. Zielrichtung: Der Weg ist das Ziel 59
10. Zielklarheit: Aus Träumen werden Ziele 63
11. Schriftlichkeit: Warum nur schriftliche Ziele zum Erfolg führen 68
12. Zieldimension: Große Ziele – großes Potenzial 73
13. Absolut: Es geht nur um dich 78
14. Zwischenziele: Die Macht der Aufteilung 81

Vorbereitung und Planung – Die Basis für das Abenteuer 87

15. Selbstdisziplin: Die Macht der kleinen Taten.... 89
16. Rituale: Die unsichtbaren Fäden des Erfolgs 94

17. Entschleunigen: Nicht das Ziel tötet, sondern das Tempo 100

18. Selbstkontrolle: Die Magie des Verzichts 105

19. Erfolgsbewusstsein: Motivation durch Dokumentation 109

20. Reduzieren: Weniger ist mehr 113

21. Gedankenkraft: Wie unser Denken unser Leben steuert 118

Durchführung – Das Abenteuer beginnt 123

22. Anfangen: Die erste Etappe ist die schwerste 125

23. Probleme: Grundlage für das persönliche Wachstum 131

24. Allein sein: Der unterschätzte Erfolgsfaktor 135

25. Einstellung: Eine Frage der richtigen Perspektive 139

26. Selbstbeeinflussung: Die Kraft der Worte 144

27. Momentum: Dynamik schlägt Disziplin 148

28. Jetzt: Die Magie des Moments 153

29. Fokus: Die Macht des Tunnelblicks 157

30. Stolpersteine: Kleine Dinge – große Auswirkungen 163

31. Rückschläge: Wer hinfällt, muss nicht scheitern 166

32. Teamwork: Motivation durch das richtige Umfeld 171

33. Durchhaltevermögen: Weshalb 87.600 Stunden zum Erfolg führen 174

34. Extrameile: Es darf auch mal wehtun 179

Danach – Das Abenteuer in der Nachlese 183

35. Belohnungen: Erfolge wahrnehmen und aus-
    kosten.. 184
36. Pausen: Auf die Balance zwischen Belastung
    und Erholung kommt es an 188
37. Ablehnung: Umgang mit Kritik 192

Norman Bücher 197

Idee & Vision:
Das Abenteuer
im Kopf

Ein einzelner Gedanke. Eine vielversprechende Anfangs-
idee. Das ist häufig der allererste Impuls für ein Abenteuer.
Ein inspirierendes Buch, das ich lese. Ein gutes Gespräch
mit einem Freund. Eine Begegnung mit einem Fremden
während einer Reise. Viele Situationen können einen
wichtigen Gedanken, der das Potenzial zu einer Idee hat,
mit sich bringen. Doch nicht jede Idee führt zu einem
Ziel oder gar zu einer Vision. Wichtig ist, dass wir eine
innere Haltung der Offenheit und Neugierde an den Tag
legen und diese Werte im Alltag leben. Wenn wir immer
wieder über den eigenen Tellerrand schauen, wenn wir
eingefahrene Gleise verlassen und etwas Neues wagen,
dann können wir auch erfolgversprechende Ideen gene-
rieren beziehungsweise diese unter der Vielzahl beste-
hender Ideen bewusst wahrnehmen.

Ideen und Visionen sind für mich das Salz des Lebens
und der Treibsatz für meine Projekte. Nur wenn ich eine
große Vision habe, bin ich imstande, Großes zu leisten.
Nur wenn ich eine Idee habe, von der ich vollkommen

überzeugt bin, werde ich die notwendige Motivation verspüren, mich auf ein extremes Abenteuer einzulassen. In
dieser Phase eines Projekts bewegen wir uns noch auf
einer relativ abstrakten Ebene. Das Abenteuer ist »nur«
in unserem Kopf. Das kann eine Lauf-Expedition durch
Afrika sein, eine neue Geschäftsidee, die einem im Kopf
herumgeistert, oder eine neue Vertriebsstrategie für ein
Unternehmen.

Es geht zunächst um das Finden und Bewerten
einer Idee, um Träume, Werte, Glaubenssätze,
Vorstellungskraft. Kurz gesagt: um mentale Prozesse.

1. Träume: Die Essenz des Lebens

»Trenne dich nie von deinen Illusionen und Träumen. Wenn sie verschwunden sind, wirst du weiter existieren, aber aufgehört haben, zu leben.«
(MARK TWAIN)

8.848 Meter über dem Meeresspiegel. Das ist die Zahl, die mein Höhenmesser anzeigt. Jeder Schritt fällt mir hier oben unglaublich schwer. Mein Puls rast. Meine Lungen brennen. Ich schnappe nach Luft. Der Wind peitscht mir den Schnee ins kalte Gesicht. Es ist unglaublich kräftezehrend, in dieser Höhe durch den Schnee zu marschieren. Es ist kalt. Saukalt. Minus 38 Grad. Meine Finger sind klamm und lassen sich nicht mehr bewegen. Doch sie schaffen es gerade noch, die Griffe meines Mountainbikes festzuhalten. Gleich stürze ich mich den Berg hinunter. Ein Downhill, eine Bergabfahrt vom Mount Everest – der Gedanke treibt meinen Puls auf ein Maximum. Der schiere Tempoorgasmus. Der pure Geschwindigkeitsrausch. Ich steige auf den Sattel, richte nochmals meinen Rucksack und los geht's …

Keine Angst, das ist nicht real. Es ist mein Traum. Dieses Szenario spielte sich nur in meiner Gedankenwelt ab. Doch was heißt hier nur? Träume sind ungemein wichtig. Träume geben uns Lebendigkeit. Träume machen Lust auf mehr. Träume erzeugen gute Gefühle. Träume steigern die Lebenslust.

Das Problem ist: Wir haben es als Erwachsene verlernt, zu träumen. Von Kindesbeinen an wurden wir zum

Schwimmen im gleichförmigen »Gesellschaftsstrom« getrimmt. Äußere Erwartungen erfüllen, anpassen, konform sein war angesagt. Bloß nicht anders sein und auffallen, lautete die Devise. Das Fach »Träumen« steht leider nicht auf dem Lehrplan. Wenn ein Kind zu seinem Vater sagt: »Du Papa, ich will später einmal mit einem Tuk-Tuk die ganze Welt bereisen«, dann antwortet der Vater vielleicht: »Wow, das ist eine außergewöhnliche Idee, mein Junge.« Wenn du das Gleiche 40 Jahre später sagst, dann wirst du schief angeschaut und gefragt, ob bei dir alles in Ordnung ist. Doch warum haben Träume bei vielen Erwachsenen so einen negativen Beigeschmack? Warum haben viele Menschen aufgehört, zu träumen beziehungsweise ihre Träume zu leben? Die Sache ist doch die: Wer Träume hat, hat Wünsche. Wer Wünsche hat, kann daraus Ziele formulieren. Und wer Ziele besitzt, verspürt Motivation und kommt ins Handeln und gestaltet sein Leben selbst. So lebst du deinen Traum.

Seinen Traum zu leben bedeutet, das Träumen zu lernen und es zu praktizieren. Und träumen zu lernen heißt, (wieder) von Kindern zu lernen. Es ist phänomenal, WIE Kinder denken. Ich kann das täglich bei meiner Tochter beobachten. An einem Tag will sie Feuerwehrmann werden, am nächsten fährt sie mit einem selbstgebauten Wohnmobil nach Afrika, dann will sie mit einem Flugzeug auf den Mond fliegen. Das sind bloß Träumereien, tut der eine oder andere dies vielleicht ab. Sind sie das wirklich?

Wir haben doch alle irgendwelche Wünsche und Vorstellungen, wie unser Leben aussehen soll. Die Kunst ist es, seine Träume auch zu leben. Als ich mich vor Kurzem mit einem Bekannten über Träume und Ziele unterhielt, meinte dieser: »Im Moment kann ich nicht meinen Träumen nachgehen. Es ist einfach noch nicht der geeignete Zeitpunkt da.« »Wann ist denn der richtige Zeitpunkt?«, fragte ich zurück. Gibt es überhaupt den richtigen Zeitpunkt? Mach dir bewusst, dass es einen optimalen Zeitpunkt für eine Veränderung gar nicht gibt. Jedes Mal, wenn du eine Handlung aufschiebst, entfernst du dich ein Stück mehr davon. Die Situation, in der du dich gerade befindest, ist nicht das Entscheidende. Die einzig wichtige Frage lautet: Wer und was willst du in Zukunft sein? Die Vergangenheit ist nicht gleich der Zukunft. Du kannst dir jederzeit eine neuartige Zukunft erschaffen. Zu viele Menschen vermuten die Erfüllung ihrer Träume in den Tätigkeiten, denen sie gerade nachgehen. Tatsächlich können sie die Leidenschaften in ganz anderen Bereichen finden. Stefan, ein Freund von mir, ist dafür ein Paradebeispiel. Viele Jahre arbeitete er als Investmentbanker. Über Jahre, tagein und tagaus, übte er diesen gut bezahlten Job aus, um den ihn viele Menschen beneiden würden. Er erzählte mir, wie er durch die halbe Welt reiste. London, Singapur, Frankfurt. First Class, versteht sich. Im teuren Anzug und mit edler Seidenkrawatte. Nur in den luxuriösesten Hotels stieg er ab. Doch mit der Zeit fühlte er sich zunehmend unwohler in seiner Haut. Er spürte, dass er einen Weg eingeschlagen hatte, der für ihn immer mehr in eine Sackgasse mündete. Wie ein Gefangener im Gefängnis »Bank« fühlte er sich. Dann traf er eine Entscheidung: Er kündigte und machte erstmal nichts. Heute ist er Veranstalter außergewöhnlicher Laufevents. Unter der Marke »Global Limits« bietet er Laufreisen nach Bhutan, Kambodscha und Sri Lanka an. Seine Leidenschaft für das Reisen, für ferne Länder und Kulturen sowie seine Begeisterung für das Laufen hat er zum Lebensmittelpunkt gemacht. Er lebt seinen Traum.

Doch wie viele Menschen machen ihre Leidenschaft zum Lebensmittelpunkt? Wie viele hören vorzeitig auf zu träumen? Weil sie sich zu wenige Gedanken um die Richtung gemacht haben, die sie gerne einschlagen würden. Weil sie es nicht für möglich halten, morgen etwas ganz anderes zu machen als gestern und heute.

Wir haben die Wahl: Entweder leben wir unsere Träume oder wir helfen anderen bei der Erfüllung ihrer Träume. Dazwischen gibt es nichts. Für was entscheidest du dich?

Mein Impuls

Zu träumen ist eine sehr bereichernde Aktivität. Nimm dir jeden Morgen nach dem Aufwachen und jeden Abend vor dem Einschlafen nur ein paar Minuten Zeit und beschäftige dich intensiv mit deinen Träumen und Wünschen. Die erste Stunde gehört dir, sollte dabei dein Motto sein.

Frag dich: Wie beginnst du den Tag? Was ist das Erste, was du nach dem Aufstehen machst? Wann hast du das letzte Mal so richtig geträumt?

Lehn dich von Zeit zu Zeit zurück und frage dich: Lebe ich meine Träume? Oder lebe ich die Träume eines anderen?

2. Vorstellungskraft: Die Macht der Bilder

»Die Grenze ist dort, wo die menschliche Vorstellungskraft endet.«
(NORMAN BÜCHER)

Dass sportliche Höchstleistungen, wie mein 600-Kilometer-Lauf durch die Atacamawüste, mit körperlichem Training möglich sind, ist für viele verständlich. Doch unser Gehirn ist ebenso trainierbar. Der am besten trainierte Körper hilft dir nicht weiter, wenn du ihn nicht richtig einsetzen kannst. Trainieren kann jeder, aber seine Leistung im richtigen Augenblick zu erbringen ist Kopfsache. Im Extremsport wie im Berufsleben. Bei einem Ultramarathon werden gut achtzig Prozent des Rennens im Kopf entschieden. Je länger die Distanz, umso wichtiger wird die mentale Stärke.

Für mich spielt das geistige Training beziehungsweise das Mentaltraining eine ungemein wichtige Rolle in meiner Vorbereitung. Besonders mit meiner Vorstellungskraft arbeite ich. Die Fähigkeit, das gewünschte Ziel klar vor Augen zu führen, ist Vorstellungskraft. Vorstellungskraft heißt: Du musst alles zweimal aufbauen. Zuerst in deinem Geist und dann, mit zeitlicher Verzögerung, in der Realität. Vor meiner Expedition in die Atacamawüste besorgte ich mir Bilder von der Route, von den einzelnen Etappenabschnitten und vor allem vom Zielort. Bilder sind der Rohstoff zum Trainieren unserer Vorstellungs-kraft. Ich entwickelte ein tägliches Ritual: Jeden Morgen nach dem Aufwachen und jeden Abend vor dem Einschlafen nahm ich mir nur zehn Minuten Zeit und stellte mir meine Expedition in allen Einzelheiten vor. Ich malte mir zum Beispiel einzelne Streckenabschnitte aus. Oder ich dachte an mögliche kritische Situationen, die ich mit Bravour meisterte. Und ich malte mir beson-ders immer wieder aus, wie ich mit Freudentränen in den Augen am Hafen von Antofagasta ankomme. Ich nahm die Einsamkeit der Wüste in mir wahr, spürte dieses sagenhafte Kribbeln in meinem Körper, das vom Kopf bis zu den Fußspitzen reichte. Ich fühlte die Gänsehaut, die mich auf den letzten Metern meines Zieleinlaufs be-gleitete. Dazu roch ich die frische Brise vom Pazifischen Ozean die von den Sonnenstrahlen erwärmt, in meine Nase strömte. Auf meiner Zunge schmeckte ich schon den Geschmack einer eisgekühlten Cola, die ich im Ziel genüsslich zu mir nahm. Diese Szenarien stellte ich mir wieder und immer wieder vor und benutzte dabei alle meine fünf Sinne.

Ich machte also nichts anderes, als mein großes Ziel, meinen Wüstenlauf, zu visualisieren. Dabei entwickel-te ich mithilfe meiner Vorstellungskraft das Gefühl der Gewissheit, dass ich es schaffen werde. Ich ließ in meinem Kopf wiederholt das Bild ablaufen, wie ich diese Expedition erfolgreich beende. Und bald verfüg-te ich über so viele positive Erfahrungen, dass ich mir meines Erfolgs sicher war. Der entscheidende Punkt dabei ist: Unser Unterbewusstsein kann nicht zwischen Vorstellung und Realität unterscheiden. Eine bereits er-lebte Erfahrung hat also den gleichen Stellenwert für unser Gehirn wie ein Erlebnis, dass ich mir sehr intensiv vorstelle, welches aber noch nicht eingetreten ist. Du musst schon da sein, bevor du ankommst. Ich war schon am Pazifischen Ozean, am Ziel, lange bevor ich es dann Monate später in die Tat umsetzte.

Unsere Fähigkeit zur Vorstellung ist die eigentliche Grenze im Leben. Was du dir vorstellen kannst, wirst du auch erreichen. Diesen Grundsatz können wir auch im Berufs- und Alltagsleben anwenden. Stell dir vor, du hältst morgen eine wichtige Präsentation in deinem Unternehmen. Bei dieser Vorstellung ruft dein Gehirn automatisch alle Informationen zu diesem Thema ab. Dein Kopf entscheidet, indem du dir geistig vorab vorgestellt hast, dass du die Präsentation bereits erfolgreich absolviert hast. Und dein Körper reagiert dann, als ob du es bereits in der Realität geschafft hättest. Unser Unterbewusstsein glaubt, was die Vorstellungskraft ihm vorgibt, und löst damit im Körper die entsprechenden Reaktionen aus. Das ist im Sport nichts anderes als im normalen Alltags- und Berufsleben. Unsere Vorstellungskraft hat eine ungemein große Macht. Der Geist bestimmt über unseren Körper. Wenn mich jemand fragt, was bei einem Extremlauf über Erfolg oder Misserfolg bestimmt, dem antworte ich: der Kopf. Der Kopf ist stärker als unser Körper. Der Kopf gibt die Befehle an unseren Körper, der diese Befehle dann ausführt.

Der Ausgangspunkt, die Ursache für alle großen Leistungen und Taten ist immer ein Gedanke aus deiner Vorstellungskraft. Die Vorstellungskraft befähigt dich, beliebige Gedanken zu entwickeln und so neue Ideen entstehen zu lassen. Mithilfe der Vorstellungskraft lässt sich ein gewünschter Zustand, ein Ziel erreichen – zunächst nur im Kopf und dann in der Realität.

Viele Menschen scheitern, weil sie zum einen ihre Vorstellungskraft nicht bewusst einsetzen oder überhaupt nicht entwickelt haben. Der zweite Grund für das Scheitern ist, dass sie kein klares Ziel haben oder ihr Ziel gefühlsmäßig nicht annehmen können. Wenn du etwas gefühlsmäßig nicht annehmen kannst, gelangt es nicht in dein Unterbewusstsein, weil du an das Ziel nicht aus deinem tiefsten Inneren glaubst. Du kannst fast alles erreichen, wenn du es dir vorstellen und dich gefühlsmäßig darauf einlassen kannst. Die Zauberworte lauten also: Vorstellungskraft + Gefühle.

Mein Impuls

Unsere Fähigkeit zur Vorstellung ist die eigentliche Grenze im Leben. Was du dir vorstellen kannst, kannst du auch erreichen. Gerade im Bereich der Vorstellungskraft liegt in meinen Augen ein besonders großes Potenzial brach, das wir uns zunutze machen können. Verwende deshalb deine Vorstellungskraft! Trainiere diese wie einen Muskel. Am besten täglich. Ein paar Minuten Training reichen bereits aus. Ideal ist es morgens unmittelbar nach dem Aufwachen und abends unmittelbar vor dem Einschlafen. Erlebe deinen gewünschten Zielzustand vorab mit allen Sinnen. Sieh, höre, rieche und fühle, als wärst du bereits an deinem Ziel! Obwohl du das reale Ziel erst viel später erreichst.

Nichts beeinflusst unser Energieniveau mehr als der unmittelbare Gedanke im Kopf.

Abschließend möchte ich dir Übungen vorstellen, wie du deine Vorstellungskraft trainieren kannst.

Stell dir bitte einen Gegenstand vor, der typisch für eine bestimmte Farbe steht, zum Beispiel ein Feuerwehrauto für die Farbe Rot, ein blauer Himmel für Blau oder eine Zitrone für Gelb. In diesem ersten Schritt ist es noch nicht so wichtig, den Gegenstand deutlich zu erkennen, sondern vielmehr, dass du dir durch den Gegenstand die Farbe sehr deutlich vor deinem geistigen Auge vorstellen kannst. Wenn du damit nicht zurechtkommst, dann nimm einen Bogen Buntpapier mit den verschiedenen Farben zur Hand. Schaue dir die Farben auf dem Papier eine Zeit lang an und versuche unmittelbar danach, dir die jeweilige Farbe bei geschlossenen Augen vorzustellen. Öffne nach ein bis zwei Minuten deine Augen und konzentriere dich nochmals auf die Farbe des Papiers. Mach diese Übung bitte so lange, bis du jede Farbe sofort sehen kannst, sobald du an sie denkst.

Wenn du die Farbvorstellung beherrschst, kannst du dir konkrete Gegenstände vorstellen. Wähle einen einfachen Gegenstand aus, zum Beispiel ein Glas oder ein Buch. Betrachte zunächst deinen ausgewählten Gegenstand sehr genau. Konzentriere dich vorerst auf die Form des Gegenstands. Schließe dann die Augen und versuche nun, den Gegenstand naturgetreu vor deinem geistigen Auge zu sehen. Wenn du dabei Schwierigkeiten hast, kannst du die Augen öffnen und den Gegenstand ruhig noch einmal genau anschauen. Wiederhole diesen Wechsel von ansehen und vorstellen, bis du bei geschlossenen Augen ein plastisches Bild deines Gegenstands bekommst.

Dehne mit der Zeit deine Fähigkeit zur Vorstellung auch auf andere Eigenschaften der Gegenstände aus: das Gewicht, die Konsistenz, den Geruch. Wenn du dir beispielsweise einen Apfel vorstellst, solltest du nicht nur sein leuchtendes Rot oder Grün wahrnehmen, sondern auch, wie schwer der Apfel ist, wie er riecht und wie er sich konkret anfühlt. Wenn du noch einen Schritt weitergehen willst, kannst du auch beginnen, den Apfel in deiner Vorstellung zu schälen.

Wenn du diesen zweiten Schritt beherrschst, dann kannst du weitertrainieren, indem du dir erdachte Gegenstände vorstellst, die nur in deiner Fantasie vorkommen. Stell dir beispielsweise ein Auto mit Flügeln vor, das durch die Luft schwebt. Oder einen Hund mit Rüssel und riesengroßen Ohren. In einem weiteren Übungsschritt kannst du dir Handlungsabläufe vorstellen. Stell dir beispielsweise vor, wie du einen Fremden begrüßt. Sieh innerlich, wie dir dieser die Hand entgegenstreckt, wie du diese Hand ergreifst und dein Gegenüber mit ein paar freundlichen Worten begrüßt. Wie sieht dieser Fremde aus? Trägt er einen Anzug oder ist er eher leger bekleidet? Riecht er eher angenehm oder unangenehm?

Wenn du regelmäßig deine Vorstellungskraft mit diesen Übungen trainierst, wirst du nach einiger Zeit signifikante Verbesserungen in vielen Lebensbereichen feststellen.

3. Erfolgsdefinition: Bestimme, was für dich Erfolg bedeutet

*»Erfolg ist, wenn du deine persönlich
gesteckten Ziele erreichst.«*
(NORMAN BÜCHER)

Lies dir bitte das oben stehende Zitat nochmals durch. Wie findest du es? So lautete meine eigene Definition von Erfolg, die ich in meinem Buch »EXTREM – Die Macht des Willens« zum Besten gab. Gute vier Jahre später denke ich diesbezüglich ein klein wenig anders.

Das Thema Erfolg ist nach wie vor richtig in Mode. Jeder möchte erfolgreich sein. Erfolgreich im Beruf, erfolgreich als Ehemann oder Ehefrau, erfolgreich in den Hobbys, erfolgreich als Vater oder Mutter. Doch was bedeutet Erfolg? Wie lautet deine persönliche Definition von Erfolg? Das neueste iPhone zu besitzen, gesund zu sein, eine intakte Familie zu haben, die Fußballmeisterschaft zu gewinnen, Millionär zu werden? Wie definierst du Erfolg? Der Beste zu sein, wie es besonders von den Medien häufig suggeriert wird? Die Nummer eins auf deinem Gebiet zu sein? Zur absoluten Weltspitze zu gehören?

Sicher ist es bewundernswert, wenn ein Mensch es schafft, in seinem Bereich die Nummer eins zu sein. Wenn jemand Rekorde aufstellt, Medaillen gewinnt und Bestzeiten erzielt. Meine Hochachtung vor solchen

Leistungen. Doch für wie viele Menschen spielt es wirklich eine Rolle, zur absoluten Spitze in ihrem Bereich zu zählen? Es geht nicht darum, in einem Bereich der Beste, der Schnellste, der Größte zu sein. Es geht auch nicht darum, die Nummer eins zu werden. Ausschlaggebend ist, das Beste aus sich herauszuholen. Der Beste zu werden, der du werden kannst. Erfolg ist eine sehr persönliche Angelegenheit. Jeder definiert Erfolg anders. Nur du entscheidest, was Erfolg bedeutet.

Für mich als Extremsportler sind nicht Bestzeiten, irgendwelche Platzierungen oder Rekorde entscheidend. Ich habe, außer einen 5-Kilometer-Volkslauf als Jugendliche noch keinen einzigen Wettkampf gewonnen. Das stört mich nicht, solange ich meine persönlich gesteckten Ziele erreichen kann. Nicht die Wettkämpfe sind für mich entscheidend, nicht auf das Sammeln von Marathonläufen kommt es mir an und nicht irgendwelche Medaillen und Pokale motivieren mich. Ich gewinne bei meinen Laufabenteuern auf eine ganz andere Art und Weise: Ich laufe für mich und meine eigenen Ziele. Für mich stehen die persönlichen Erfahrungen bei meinen Laufabenteuern im Vordergrund. Die sehr intensiven Lebensmomente, sich an seine persönlichen Grenzen heranzuwagen und diese zu überwinden, und zu erfahren, was du alles im Leben erreichen kannst. Das bedeutet für mich Erfolg.

»Erfolg ist, wenn du deine persönlich gesteckten Ziele *verfolgst*.« Daran glaube ich. Besonders das letzte Wort in diesem Satz ist bedeutsam. Denn erfolgreich bist du schon, sobald du dein eigenes Ziel verfolgst. Wenn du dich auf dem Weg dorthin befindest. Wenn du deine eigenen Ziele gefunden hast und ihnen nachgehst. Ob du dein Ziel schlussendlich auch erreichst, ist gar nicht so entscheidend.

Mein Impuls

Wie lautet deine eigene Definition von Erfolg?
Bitte schreib sie auf!

4. Glaube: Wovon du überzeugt bist, das wirst du erreichen

»Wenn es einen Glauben gibt, der Berge versetzen kann, so ist es der Glaube an die eigene Kraft.«
(Marie von Ebner-Eschenbach)

Wovon hängt der Erfolg einer großen Laufexpedition letztendlich ab?

Gute Vorbereitung – ja. Willenskraft – ganz sicher. Ausdauer – auf jeden Fall. Sicherlich auch von Faktoren wie dem Wetter oder dem Gesundheitszustand. Doch im Kern entscheidet der Glaube über Erfolg und Misserfolg einer Expedition. Du wirst nur ganz selten etwas erreichen, wovon du nicht zu hundert Prozent überzeugt bist. Ich kann mich körperlich noch so gut vorbereiten, unzählige Stunden in mein Training investieren, wenn ich jedoch nicht an mich, meine Stärken und an das Projekt glaube, werde ich scheitern.

Der Glaube ist die stärkste unsichtbare Kraft, die wir haben. Das wertvollste nicht-physische Eigentum. Glauben ist die Fähigkeit, das Unsichtbare zu sehen und sich das Unvorstellbare vorzustellen. Und genau das befähigt dich, das zu erreichen, was die breite Masse in der Gesellschaft für unmöglich hält. Glauben heißt, von einer Sache felsenfest überzeugt zu sein, etwas mit jeder Faser seines Körpers zu wollen. Unser Leben wird in einem erheblichen Maße durch unsere Glaubenssätze geprägt. Denn: Was wir glauben, das leben wir. Und wir entscheiden, was wir glauben wollen.

Diese Kraft wird völlig unterschätzt, denn wir sind viel zu sehr an der Macht der Wissenschaft orientiert und viel zu wenig an der Macht des eigenen Glaubens.

Wir assoziieren in unserer Gesellschaft mit Glauben religiösen Glauben, doch nur der Glaube an dich und deine Fähigkeiten ist für deinen Lebenserfolg entscheidend. Ein starker Glaube befähigt dich dazu, Realitäten zu schaffen, die andere für unmöglich halten. Das habe ich als Extremsportler unzählige Male selbst erlebt. 1.120 Kilometer in 15 Tagen durch das australische Outback zu laufen ist für die meisten Menschen unvorstellbar. Für mich war es das anfangs auch. Doch dann veränderte ich mein Denken und meinen Glauben in Bezug auf dieses Vorhaben. Aus der anfänglichen Unsicherheit wurde immer mehr Gewissheit. Die Bedenken wandelten sich in Klarheit um. Die Zweifel verschwanden. »Run to the Rock« wurde ein erfolgreiches Projekt. Ich schaffte es, weil ich von vornherein fest daran glaubte, dass ich es schaffen kann. Wir erreichen etwas, weil wir glauben, dass wir es erreichen können. Frage dich deshalb: Hast du im Griff, was du glaubst? Oder hat dein Glaube dich im Griff?

Das Eigenartige dabei ist: Kein Mensch kann ihn sehen, er ist nicht greifbar und auch nicht messbar, aber der Glaube ist in Wirklichkeit der alles entscheidende Faktor, wenn wir über persönlichen Erfolg sprechen. Er stellt die Ursache und gleichzeitig die Basis für alle anderen Schritte dar. Der Glaube ist ganz eng mit deiner Sache und dem Erreichen deines Ziels verbunden.

Glaubenssätze entstehen durch Gedanken. Ein Glaubenssatz ist nichts anderes als ein Gedanke, den du so oft gedacht hast, dass du ihn für wahr hältst, und der täglich deine Lebensrealität spiegelt. Deine Glaubenssätze steuern eine Vielzahl deiner Gedanken. Diese erzeugen dann Gefühle. Aus diesen Gefühlen kommst du ins Handeln. Dein Handeln produziert deine Ergebnisse, die dann dein Leben werden. Sobald du es geschafft hast, deine Glaubenssätze zu verändern, veränderst du auch dein Denken.

Warum gibt es Menschen, die ihre eigenen Grenzen immer weiter verschieben, die scheinbar leichtfüßig von einem Erfolg zum nächsten eilen? Und wiederum andere, die stets nur in der eigenen Komfortzone bleiben? Es sind die Glaubenssätze, die den Unterschied ausmachen. Es ist ein himmelweiter Unterschied, ob du glaubst »Ich muss bis zur Rente arbeiten« oder ob du glaubst »Ich bin ab 40 finanziell unabhängig«. Es ist ein großer Unterschied, ob du glaubst »Das schaffe ich« oder ob du glaubst »Das ist eine Nummer zu groß für mich«.

Als ich im Jahr 2005 zum ersten Mal vom Ultra-Trail du Mont-Blanc hörte, konnte ich zunächst gar nicht glauben, dass jemand solch eine Leistung überhaupt vollbringen kann. Wie kann man denn nur 166 Kilometer und 9.400 Höhenmeter nonstop innerhalb von 46 Stunden laufen? Das war zunächst meine innere Haltung. Mit dieser Einstellung hätte ich diesen Lauf nie und nimmer erfolgreich zu Ende bringen können. Doch diese Herausforderung reizte mich ungemein – und offensichtlich hatten ja schon einige Menschen diese enorme Leistung geschafft. Doch erst als ich anfing, mich mit dem Rennen intensiv auseinanderzusetzen und erfolgreich längere Bergrennen in der Vorbereitung bestritt, änderte sich allmählich mein Glaube in Bezug auf diesen Lauf. Ich entwickelte für mich in der Vorbereitung ganz langsam ein Gefühl der Gewissheit, dass ich diese Herausforderung bewältigen könnte. Nach und nach erzeugte ich den Glauben an mich. Das schaffte ich dadurch, dass ich mich jeden Tag intensiv mit dem Rennen beschäftigte und mich mit ihm identifizierte. Insgesamt bereitete ich mich über ein Jahr sehr intensiv auf diesen Lauf vor, lief allein in den letzten acht Monaten vor dem Rennen fast 4.000 Kilometer und investierte unzählige Stunden in mein Training. Als es dann nur noch wenige Wochen bis zum Start waren, war ich felsenfest davon überzeugt, dass ich es schaffen werde, obwohl ich zum damaligen Zeitpunkt noch nie solch eine Distanz gelaufen war. Durch meine sorgfältige Vorbereitung auf diese große Aufgabe erhöhte sich auch mein Glaube an einen erfolgreichen Ausgang. Genauer gesagt: Durch die vielen Tausend Trainingskilometer, die zahlreichen Bergrennen und die daraus gewonnenen Erfahrungen veränderte sich mein Glaube in Bezug darauf, was möglich ist. Ein befreundeter Läufer fuhr im selben Jahr nach Chamonix, um ebenfalls am Ultra-Trail du Mont-Blanc teilzunehmen. Er hatte jedoch eine ganz andere Haltung. Nach dem Motto »Ich fange einmal an und schaue dann, wie weit ich komme« ging er an den Start. Sein Gesicht und seine ganze Körperhaltung waren geprägt von Unsicherheit und Unentschlossenheit. Rate einmal, wie für ihn dieses Rennen wohl gelaufen ist. Er stieg nach gut der Hälfte aus. Körperlich war er topfit. Von seinem physischen Potenzial her hätte er diesen

Lauf sicherlich geschafft. Was ihm jedoch fehlte, war der Glaube an sich und seine Fähigkeiten.

Wenn du dir in deiner Vorstellung den Erfolg vorstellst, aber glaubst, dass du scheitern wirst, dann wirst du scheitern. Denn der Glaube ist stärker als die Vorstellungskraft. Wenn du beispielsweise glaubst, Abteilungsleiter in deinem Unternehmen zu werden, gleichzeitig aber starke Zweifel daran hast, die auf der Gefühlsebene stärker sind als dein Glaube, dann werden deine Zweifel gewinnen und die Position des Abteilungsleiters bleibt unerreichbar.

Apropos Vorstellungskraft: Ich bin überzeugt davon, dass ein Mensch, der keine große Vorstellungskraft besitzt, sie nie trainiert und entwickelt hat, im Leben auch nichts Großes erreichen kann. Grundlage dafür ist der Glaube. Und dieser wiederum bildet die Grundlage für das zielgerichtete Einsetzen der Vorstellungskraft.

Wenn du deine großen Träume, Ziele im Leben verwirklichen möchtest, dann musst du deinen Glauben entwickeln und einsetzen. Wenn du felsenfest an deine Ziele glaubst, dann fühlst du die Gewissheit, dass deine Wünsche sich verwirklichen werden. In dem Moment akzeptierst du nämlich, dass Gedanken in Wirklichkeit Tatsachen sind und dass im Leben immer das Realität wird, was im Einklang zu deinen Gefühlen steht. Du wirst, woran du glaubst.

Mein Impuls

In unserem Leben passiert immer das, woran wir glauben. Was du glaubst, wird früher oder später Realität. Egal ob du bewusst daran denkst oder nicht. Dein Geist funktioniert auf Basis deines Glaubens und deiner Glaubenssätze. Glaube ist eine Einstellung, eine innere Gewissheit. Wenn du felsenfest glaubst, dass du etwas schaffst, dann schaffst du es auch. Die Betonung liegt dabei auf felsenfest. Es dürfen keinerlei Zweifel bestehen. Wenn du glaubst, dass etwas eine Nummer zu groß für dich ist, dann wird es so lange eine Nummer zu groß für dich sein, solange du glaubst, dass es eine Nummer zu groß für dich ist. Handle jeden Tag so, als wäre die Sache, von der du felsenfest überzeugt bist, bereits Realität. Es gibt keinen wahren und falschen Glauben. Es gibt nur deinen Glauben.

Was glaubst du über dich? Über deine Zukunft? Über das Leben?

Mach dir deine Glaubenssätze bewusst. Schreibe alle Glaubenssätze, positive und negative, auf ein Blatt Papier.

Sei dabei bitte ehrlich zu dir selbst. Frage dich: Wer hat das zu mir gesagt? Wo kommt diese Überzeugung in Wirklichkeit her? Wie wirkt sich dieser Glaubenssatz in meinem Leben aus?

5. Angst: Dein bester Freund

»Angst ist für die Seele ebenso gesund
wie ein Bad für den Körper.«
(MAKSIM GORKI)

Angst – ein Thema, über das viel zu wenig gesprochen wird. Denn Angst ist negativ, schlecht, kontraproduktiv. Doch stimmt das? Machen wir uns doch einmal bewusst, was Angst bedeutet: Angst ist nichts anderes als eine Emotion. Eine Stimmung, die unangenehm ist, weil sie zu Anspannung, Besorgnis und starken körperlichen Reaktionen führt.

Ich suche mir sportliche Herausforderungen, bei denen ich beim ersten Gedanken daran spüre, wie mein Puls rast, wie die Unruhe in meinem Inneren aufflammt und sich mein gesamtes Wesen auf einen winzig kleinen Ausschnitt eines Augenblicks verdichtet. Wie beispielsweise in der Wildnis Patagoniens im Rahmen meines Projektes »FIRE & ICE«, bei dem ich ein Gefühl des Ausgesetztseins erlebte und die Macht gewaltiger Naturkräfte spüren konnte. Bei daumengroßen Hagelkörnern und Windgeschwindigkeiten um die 90 Kilometer pro Stunde fühlte ich ganz intensiv das Blut durch meine Adern rasen. Doch ich suche nicht einfach so das Risiko. Ich suche das intensive Leben. Es gibt in meinem Leben fast nichts Aufregenderes, als ein Abenteuer einzugehen, das meine eigene Grenze in Bezug auf das bereits Bekannte sprengt. Je weiter weg ich mich aus meiner Komfortzone bewege, je mehr ich auf mich selbst angewiesen bin, je größer meine Angst ist, desto intensiver lebe ich die Momente.

Laufexpeditionen sind in sich labile Projekte, weil es dabei viele Unwägbarkeiten gibt: das Wetter, das Material, den Proviant, die Gesundheit. Eine Krankheit oder etwas Falsches gegessen – und die ganze Expedition kann zu Ende sein. Diese Faktoren kann ich nicht immer beeinflussen und der einzige Weg ist, Frieden mit der Angst zu schließen. Meinen Weg als Abenteurer und Extremläufer finde ich oft dort, wo die Angst ist. Denn nur dann entsteht dabei etwas Großartiges. Etwas, das ich mir nicht erkaufen kann. In unserem Leben kommt es nicht auf die numerische Anzahl der gelebten Jahre an, sondern vielmehr darauf, wie diese Jahre mit Leben erfüllt werden. Es geht um die Lebendigkeit und Intensität von Lebensmomenten. Und diese erfahre ich nicht, wenn ich mich immer nur im Bereich der Sicherheit aufhalte. Bei meinen Abenteuern mache ich mir die Angst zum Freund. Ich darf mich nicht von der Angst abwenden, sondern ich muss mich ihr stellen, dann weist sie mir auch den richtigen Weg. Wenn ich tatsächlich in einer kritischen Situation stecke, sodass die Angst die Oberhand gewinnt, dann ist es besser, umzukehren oder abzubrechen. Das habe ich beispielsweise beim Jungle Marathon in Brasilien gemacht, als ich infolge eines Kreislaufzusammenbruchs den Lauf abbrach. Als passionierter Abenteurer ziehe ich immer den Weg der Unsicherheit und des Unbekannten gegenüber der Sicherheit und dem Bekannten vor. Hoher Einsatz, hohes Risiko, hoher Erlebniswert.

Wenn es doch so offensichtlich ist, dass wir nur außerhalb der Komfortzone, in der Wachstumszone, unseren Zielen und Träumen näherkommen, dann müsste doch eigentlich jeder permanent aus seiner Komfortzone ausbrechen, oder? Doch das genaue Gegenteil ist der Fall. Die Sicherheit des Bekannten wird dem Unbekannten der Freiheit vorgezogen. Viele Menschen lassen sich durch die Jahre treiben. Wenig einsetzen, wenig riskieren, wenig erreichen – lediglich existieren. Das ist einfach. Warum selbst gegen den Ball treten, wenn ich doch anderen auf der Fernsehcouch beim Fußballspielen zuschauen kann? Warum eine neue Fremdsprache erlernen, wenn ich doch sowieso nur zum 34. Mal Urlaub im Bayerischen Wald mache? Warum das schwierige Gespräch mit meiner Tochter führen, wenn ich sie doch ganz bequem vor dem Fernseher »parken« kann? Bequemlichkeit tötet jeden Ehrgeiz. Diese Menschen fühlen sich wohl in ihrer Komfortzone, denn dort existiert keine Angst. Warum sind die meisten Menschen in dieser Zone der Sicherheit »gefangen«? Warum brechen sie nicht einfach aus? Weil sie sich wohl und gleichzeitig innerlich gefangen fühlen. Weil sie sich mit ihrem Status quo zufriedengeben und insgeheim doch gerne etwas anderes hätten.

Die Mehrheit bleibt in ihrer Komfortzone, weil sie Angst hat. Angst zu versagen, Angst jemanden zu verlieren, Angst sich zu blamieren, Angst vor einer Zurückweisung, Angst vor der Zukunft. Doch weshalb haben wir Angst? Machen wir uns das doch einmal bewusst! Angst entsteht nur aus mangelndem Wissen, mangelnden Fähigkeiten und mangelnder Erfahrung. Haben wir alle drei, Wissen, Fähigkeiten und Erfahrung, verschwindet die Angst.

Nehmen wir dazu als Beispiel das freie Reden vor Publikum. Davor fürchten sich die meisten Menschen. Auch mir ging es lange Zeit so. Ich hatte riesengroße Angst, vor Publikum zu sprechen. Bei meinem allerersten Vortrag im Januar 2008 zitterten meine Knie, meine Zunge war belegt und schwer wie Blei, und Schweiß kam gefühlsmäßig aus jeder Pore meines Körpers. Anfangs brachte ich kein einziges Wort heraus. Ich konnte kaum das Mikrofon in den Händen halten. Mein Mund war so trocken wie der Sand in der Atacamawüste. Erst nach zwanzig Minuten wurde es langsam besser. Und als ich nach einer Stunde meinen Vortrag beendet hatte und Applaus einsetzte, fühlte ich mich um zwei Köpfe größer. Heute, fast sieben Jahre und hunderte Vorträge später, geht mein Puls immer noch schneller und ich habe immer noch Lampenfieber vor einem großen Auftritt. Doch die Angst ist verschwunden. Weil ich in all den Jahren, durch unzählige Vorträge, die ich gehalten habe, so viele Erfahrungswerte gesammelt und meine Fähigkeiten und Kompetenzen als Redner ausgebaut habe. Weil ich mir durch Fachliteratur, die ich gelesen, und Seminare, die ich besucht habe, das notwendige Wissen über Reden und Vorträge angeeignet habe. Nur deshalb ist meine Angst verschwunden.

Machen wir uns weiter bewusst: Angst ist gut. Denn wenn wir vor etwas Angst haben, uns unwohl fühlen, dann haben wir in diesem Bereich das größte Entwicklungspotenzial. Je tiefer wir in unserer Komfortzone sind, umso mehr Ressourcen stehen uns zur Verfügung.

Begreife deine Situation wie ein großes Laufabenteuer! Anstatt ständig am Start nervös und aufgeregt herumzutänzeln, dem Problem aus dem Weg zu gehen und den Ängsten davonzulaufen, solltest du starten. Einen ersten Schritt machen. Es braucht immer einen ersten Schritt – mitten in die Angst hinein. Der Schritt sollte klein sein. Wenn du Angst vor Riesenschlangen hast, fasse zunächst mal eine Ringelnatter an. Wenn du Angst hast, vor großen Gruppen zu sprechen, fang mit kleinen an. Wenn du Angst hast, allein in ein fremdes Land zu reisen, starte mit einem Kurztrip in den Bayerischen Wald. Geh den Weg der kleinen Schritte.

Dafür benötigst du eine Eigenschaft: Mut. Egal, wie klein der Schritt ist, den du unternimmst, du brauchst Mut. Mut bedeutet nicht, keine Angst zu haben. Mut bedeutet, trotz der Angst zu handeln. Wer sich mit seiner Angst auseinandersetzt, sich dieser stellt, ist kein Weichei. Im Gegenteil: Er besitzt Mut. Nur wer sich keine Angst eingesteht, lügt sich selbst an. Die Angst ist dann ein schlechter Berater, wenn du dich nicht mit ihr auseinandersetzt. Der Fehler ist meist, dass wir der Angst aus dem Weg gehen wollen.

Mein Impuls

Tu genau das, wovor du die größte Angst hast! Um deine Ängste in den Griff zu bekommen. Jede Angst bedeutet Ungewissheit. Klarheit erzeugt Gewissheit. Und diese Klarheit erhältst du, wenn du dich deinen Ängsten stellst. Deinen Ängsten trittst du entgegen, indem du den ersten Schritt setzt. Dann noch einen. Und wieder einen. Mit jedem Schritt wird deine Angst immer kleiner werden.

Mach dir bewusst: In deiner Angst steckt dein größtes Entwicklungspotenzial.

Es gibt drei Bereiche, in denen du ansetzen kannst:

1. Überwindung der Angst durch neues Wissen: Lies Fachbücher, arbeite mit Hörbüchern, besuche Seminare. Eigne dir unterschiedliches Wissen an.

2. Überwindung der Angst durch neue Fähigkeiten: Erlerne Neues, beispielsweise durch einen Sprachkurs, einen Kochkurs ... eine Fähigkeit, die für dich wichtig ist und die dich weiterbringt. Arbeite stetig an deinen Kompetenzen!

3. Überwindung der Angst durch neue Erfahrungen: Gib dich neuen Erfahrungen hin. Bereise ein für dich unbekanntes Land, hilf in einer sozialen Einrichtung mit, schau dir einen Beruf in einer anderen Branche an. Suche neue Erfahrungswerte. Erweitere deine Referenzerlebnisse.

Eine Schlüsselfrage möchte ich dir noch mitgeben: Frage dich bitte, wenn du vor etwas Angst hast:

Was ist das Schlimmste, das dir dabei passieren kann?

Sobald du diese Frage für dich beantwortet und damit dieses Worst-Case-Szenario akzeptiert hast, reduzieren sich deine Zweifel und Ängste.

6. Leidenschaft: Das Spiel zwischen Herz und Vernunft

*»Ohne Begeisterung, welche die Seele mit
einer gesunden Wärme erfüllt, wird nie
etwas Großes zustande gebracht.«*
(ADOLPH VON KNIGGE)

Immer wieder höre ich die Stimme in mir, die sagt: »Tu es! Du musst es tun!« Die Stimme fordert mich auf, etwas vollkommen Verrücktes und Nutzloses zu tun. Aber ich weiß, dass ich es tun muss. Und ich weiß ebenfalls: Wenn ich es nicht tue, wird ein kleiner Teil von mir für immer tot sein. So ging es mir, als ich über meine läuferische Durchquerung Feuerlands im Süden Patagoniens sinnierte. 600 Kilometer in zwölf Tagen durch die wilde und raue Landschaft Feuerlands zu laufen klingt für die meisten Menschen etwas abgedreht. Vor allem vor dem Hintergrund, dass ich bei dieser Expedition kein großes Team um mich hatte, das mir Sicherheit und Unterstützung gab. Die einzige Sicherheit war mein Babyjogger, in dem sich mein gesamtes Equipment befand. Die Stimme in meinem Kopf wurde, ungeachtet der objektiven Risiken bei diesem Projekt, immer eindringlicher, immer intensiver. »Tu es! Tu es! Tu es!«

Was häufig im Stillen tobt, ist ein Kampf zwischen Ratio und Emotion – zwischen Herz und Hirn. Dein Kopf glaubt zu wissen, was gut für dich ist, und macht dir konkrete Vorschriften. Dein Herz weiß es tatsächlich, aber es kann sich nur mit Gefühlen äußern. Doch diese sind schnell vom Kopf überstimmt. »Sei vernünftig, spinn doch nicht rum, das ist unrealistisch, das macht man nicht …«.

Viele Kopfentscheidungen überstimmen das Herz. Doch was ist wichtiger: Herz oder Vernunft?

Eine der wichtigsten Frage, die du dir stellen solltest, um deiner inneren Stimme zu folgen, lautet: Was will ich wirklich? Die Betonung liegt dabei auf wirklich. »Was will ich?« greift zu kurz, ist zu oberflächlich. »Was will ich wirklich?« dringt tief ins Bewusstsein und aktiviert dein Unterbewusstsein. Diese Frage stelle ich mir täglich.

Ich halte leidenschaftlich gern Vorträge in Schulen. Danach werde ich regelmäßig von Schülern gefragt: »Wie könnte denn ein richtiger Weg für mich und mein zukünftiges Berufsleben aussehen?« Darauf antworte ich dann gewöhnlich: »Es ist völlig egal, was du machst. Wichtig ist nur, dass du es mit ganzem Herzen machst. Hör auf dein Herz und finde etwas, das dich begeistert. Und dann mach es. Denn was dich begeistert, das machst du gerne. Und was du gerne machst, darin bist du auch gut.«

Was ich sportlich tue, tue ich mit ganzer Leidenschaft. Für keine andere Disziplin ist so viel Training notwendig wie für eine Ausdauersportart. Mit Extremsport kannst du in der Regel nicht reich werden. Warum ich trotzdem jedes Jahr Hunderte und Tausende von Kilometern laufe? Weil es mir Spaß macht. Weil ich es liebe, mich stundenlang draußen an der frischen Luft betätigen zu dürfen. Weil es für mich meine ganz große Leidenschaft ist.

Diese Leidenschaft, von der ich spreche, bezeichne ich auch gerne als positive Besessenheit. Wobei das Wort Besessenheit für viele Menschen negativ besetzt ist. Oder was assoziieren Sie mit diesem Wort? Besessenheit verleiht der Leidenschaft, die ich meine, die entsprechende Würze und Kontur. Bei Besessenheit geht es mir um mehr, als eine Sache »nur« gerne zu tun. Wenn ich an nichts anderes mehr denken kann als an diese eine Sache. Wenn ich abends nicht schlafen gehen will und ich es morgens gar nicht abwarten kann, mit dem, was im Zentrum meiner Leidenschaft steht, zu beginnen. Dann spreche ich von Besessenheit. Das hat für viele mit Abhängigkeit oder Sucht zu tun. Die Grenzen sind dabei zugegebenermaßen fließend. Für mich ist die Leidenschaft oder Besessenheit eine Art innerer Antrieb, der mir immer wieder die Kraft gibt, mich auf Neues einzulassen und das Abenteuer zu suchen. Leidenschaft stellt für mich eine riesige Energiequelle dar, aus der ich mich ständig bedienen kann. Auch bei meinem Projekt »Run to the Rock« hätte ich all die Strapazen, die Zeit und Energie, die ich in das Abenteuer investierte, ohne diese Besessenheit nicht auf mich genommen.

Doch um leidenschaftlich zu leben, musst du bei Weitem kein Sportler oder gar Extremsportler sein. Es ist doch völlig egal, für was wir uns begeistern: Geld, Familie, Briefmarken, Modelleisenbahn, Sex, Medizin, ein berufliches Projekt. Ein guter Freund von mir ist beispielsweise leidenschaftlicher Steuerberater. Es ist für mich schwer nachzuvollziehen, wie man sich mit diesem Thema lange und intensiv beschäftigen, geschweige denn dafür begeistern kann. Doch er brennt dafür und freut sich jedes Mal wie ein kleines Kind, wenn er mich in

Steuerangelegenheiten beraten darf. Das Wichtigste ist, dass wir uns für etwas begeistern. Denn: Wenn wir begeistert sind, vergessen wir die Zeit um uns herum und leben wahnsinnig intensiv. Genau darum geht es mir! Für mich zählt ein kurzes, dafür aber sehr leidenschaftliches und intensives Leben viel mehr als ein langes ereignisloses Dahinvegetieren.

Über was werden wir uns am Ende unseres Lebens wohl mehr ärgern? Über die Dinge, die uns misslungen sind? Oder über die Dinge, die wir erst gar nicht gewagt haben? Für mich wäre es das Schlimmste, mir im hohen Alter vorwerfen zu müssen, dass ich etwas nicht gewagt habe. Dass ich es nicht zumindest einmal probiert habe. Ich stelle mir auch immer wieder folgende Frage, die für viele Menschen schon ein wenig makaber klingt: Was würdest du machen, wenn du nur noch ein Jahr zu leben hättest? Hast du dich mit dieser Frage schon einmal beschäftigt? Um dieses Thema geht es in einem meiner Lieblingsfilme: »Das Beste kommt zum Schluss« mit Morgan Freeman und Jack Nicholson. Der Film handelt von zwei Tumorkranken, denen nur noch eine Lebenszeit von ein paar Monaten prognostiziert wird. Statt sich mit ihrem Schicksal abzufinden, bereisen die beiden auf ihre alten Tage die Welt und erfüllen sich damit ihren Lebenstraum. Sie schauen sich die Pyramiden von Gizeh in Ägypten an, machen einen Fallschirmsprung oder reisen in den Himalaya. Sie haben ja schließlich nichts mehr zu verlieren.

Was würdest du tun, wenn du in deinem Leben nichts mehr zu verlieren hättest?

Die große Herausforderung in der Beantwortung dieser Frage liegt in meinen Augen darin, ein Gefühl für unsere Herzensangelegenheiten zu bekommen. Wir hören nur noch selten auf unser Herz, weil uns der Verstand ständig dazwischenredet. Vernunft kommt häufig vor dem Herzen. Wie riskant ist es, nicht seinem eigenen Herzen zu folgen?

Auch ich habe mich zunächst für den vernünftigen und sicheren Weg entschieden und angefangen, als Unternehmensberater zu arbeiten. Obwohl mein Herz für etwas ganz anderes schlug. Heute verdiene ich meine Brötchen als Extremläufer und Vortragsredner. Ein Beruf, den du beim Arbeitsamt nicht findest und der wohl in keiner Berufsberatung vorgeschlagen wird. Rein rational hatte zunächst wenig für die Selbstständigkeit als Sportler und Redner gesprochen. Doch bei meiner Entscheidung konzentrierte ich mich weniger auf die rationalen Aspekte wie mögliche Schwierigkeiten, die hohen Kosten und die vielen Probleme, die mein Schritt in die Selbstständigkeit mit sich bringen könnte, sondern vielmehr auf die Chancen und vor allem auf mein Herz.

Als Unternehmensberater tätig zu sein war eine vernünftige Entscheidung, doch der Bauch und das Herz haben sich dann für den unsicheren Weg des Extremsportlers entschieden.

Heute kann ich sagen: Gut, dass ich auf mein Herz gehört habe! Um auf unser Herz hören zu können, ist ein wenig Abstand von der Hektik und der Routine des Alltags notwendig. Darin liegt schon die nächste Herausforderung für viele Menschen: Sie haben ja gar keine Zeit für eine kleine Auszeit. Die besten Entscheidungen in meinem Leben waren jene, die ich aus dem tiefsten Inneren meines Herzens getroffen habe. Die besten Entscheidungen folgten meiner Leidenschaft.

Die besten Entscheidungen waren gleichzeitig meistens auch die verrücktesten und ungewöhnlichsten und haben mich nachhaltig ungemein geprägt: Mich als Extremsportler und Redner selbstständig zu machen und dabei meinen sicheren und gutbezahlten Job als Unternehmensberater aufzugeben. Oder 600 Kilometer durch die Atacamawüste in Chile zu laufen. Oder allein, ohne konkreten Plan für ein Jahr nach Australien zu gehen. Oder mit Anfang zwanzig ein paar Monate in Kanada zu arbeiten.

Wenn ich heute auf mein bisheriges Leben zurückblicke, dann sind es genau diese Entscheidungen, diese verrückten und außergewöhnlichen Erfahrungen gewesen, die mein Leben bereichert haben. Nicht mein Diplom, meine bestandenen Prüfungen oder meine Tage im Büro als Berater stellen die Höhepunkte dar, sondern genau solche Momente, in denen ich meiner Leidenschaft gefolgt bin.

Ob wir etwas aus unserem Leben machen, hängt stark davon ab, ob wir leidenschaftlich leben. Unser Lebensglück hängt davon ab, ob wir unsere Träume leben, uns passende Ziele stecken und den Mut haben, das Abenteuer zu suchen. Doch das Wichtigste dabei ist die Leidenschaft. Ein Leben, das dem Herzen folgt, statt einem Lehr- oder Karriereplan. Ein Leben mit eigenen Zielen statt einem Klassenziel. Ein Leben im Hier und Jetzt, statt auf die Rente zu warten. Das ist Leidenschaft.

Mein Impuls

Es ist völlig egal, was du machst. Wichtig ist nur, dass du es mit ganzem Herzen machst. Hör auf dein Herz und finde etwas, das dich begeistert. Und dann tu es. Denn was dich begeistert, das machst du gerne. Und was du gerne machst, darin bist du auch gut.

Hör bei wichtigen Lebensentscheidungen mehr auf dein Bauchgefühl. Hör ganz tief in dich hinein. Was sagen deine Gefühle zu dir?

Eine der wichtigsten Fragen, die du dir stellen kannst, lautet: Was will ich *wirklich*?

7. Authentizität: Sei du selbst

>»Wer einmal sich selbst gefunden, der
>kann nichts auf dieser Welt verlieren.«
>(STEFAN ZWEIG)

Es ist der 9. Januar 2006. Mit einem Kribbeln im Bauch
verlasse ich an diesem kalten Morgen die Jugendherberge
in München. Ich bin nervös und angespannt – von
Kopf bis Fuß. Mein erster Arbeitstag bei meinem neuen
Arbeitgeber steht an. Als Junior Consultant habe ich
vor zwei Monaten meinen Arbeitsvertrag bei einem
Beratungshaus in München unterschrieben, das sich auf
die Implementierung und Beratung von Software spezialisiert hat. Mit Anzug und Krawatte, wie es sich für einen
Unternehmensberater gehört, fahre ich an diesem unge-
mütlichen Montagmorgen nach München-Forstenried.
Auch meine geliebte Mähne hat vor ein paar Tagen dran
glauben müssen; die Haare trage ich jetzt kurz. Eben
wie man es von einem eloquenten und erfolgreichen
Consultant erwartet. Ganz tief in meinem Herzen spüre
ich, dass ich die falsche Entscheidung getroffen habe.
Eine innere Stimme sagt mir: »Das ist nicht das, was du
wirklich von ganzem Herzen machen willst.« Doch ich
ignoriere diese Stimme und trete den Job an.

Unbewusst hatte ich mich in eine Rolle drängen lassen,
die von einem Teil meines Umfeldes erwartet wurde. Ich
hörte viel mehr auf andere als auf mich selbst. An jedem
einzelnen Tag als Unternehmensberater fiel es mir schwer,
aus dem Bett zu kommen und ins Büro zu fahren. Ich saß

meistens in meinem Büro in der Forstenrieder Allee. Dort war alles so ordentlich und sauber. Alles so akkurat und steril. Teure Möbel, geschmackvolle Bilder. Doch so korrekt und ordentlich meine Arbeitsumgebung war, innerlich brodelte es in mir. Ich fühlte mich in meinem engen Anzug völlig unwohl. Die teure Seidenkrawatte schien mir den Hals zuzuschnüren. Ich hasste die After-Work-Events. Ich hasste es, abends mit Kollegen bei Wein und Bier an einem Projekt zu tüfteln. Meine Unzufriedenheit steigerte sich von Tag zu Tag. Ich konnte nachts nicht mehr richtig schlafen. Morgens schleppte ich mich ins Büro oder zu Kunden. Meine Motivation ging gegen null. Jeder Sandsack wäre motivierter gewesen.

Warum sitze ich hier? Was mache ich hier denn überhaupt? Ich hatte mich noch nie so unfrei gefühlt wie in dieser Zeit. Ich war verzweifelt. Traurig, deprimiert, fremdbestimmt. Ganz tief in mir spürte ich, dass ich einen falschen Weg eingeschlagen hatte. Erst als meine Unzufriedenheit auf einem Siedepunkt angelangt war, zog ich die Konsequenzen und kündigte ein halbes Jahr später den Job. Es war rückblickend einfach das falsche Spielfeld, der falsche Job für mich. Das war im Jahr 2006.

Zwei Jahre später machte ich mich als Extremsportler und Vortragsredner selbstständig. Und heute bei meinen Firmenvorträgen erleben mich die Zuhörer in einem sportlich-eleganten Outfit, so, wie ich mich einfach am wohlsten fühle. Meine Haare habe ich nach meiner »Karriere« als Unternehmensberater wieder wachsen lassen. Und auch meine Halskette und Armbänder lege ich bei meinen Auftritten nicht ab. Sie sind einfach ein Teil von mir. Ich fühle mich wohl, wenn ich auf der Bühne stehe und über meine Erfahrungen als Extremsportler berichten darf. Das ist ein ungemein großes Privileg für mich. Wenn ich auf der Bühne stehe, denke ich nicht darüber nach, was andere von mir erwarten oder was andere gerne von mir hören würden. Ich spreche über das, was ich lebe und liebe. Ich bin einfach ich selbst. Oder anders gesagt: Ich kann einfach der sein, der ich bin.

Erfolgreich können wir in meinen Augen nur sein, wenn wir bei dem, was wir machen, authentisch sind. Authentisch zu sein bedeutet glaubwürdig zu sein. Wir sind es dann, wenn wir uns so verhalten, wie es unserer wahren Natur entspricht. Auch wenn wir mit unserem Verhalten durch das gängige Gesellschaftsraster fallen. Denn das Problem ist: Wir werden schon von Kindesbeinen an darauf getrimmt, im gleichförmigen »Gesellschaftsstrom« mitzuschwimmen. Bereits in unserer Kindheit haben wir gelernt, uns so zu verhalten, dass unser Verhalten anderen gefällt. Dafür wurden wir belohnt, während ein Verhalten, das außerhalb der gängigen Erwartungen lag, eine Bestrafung nach sich zog. Dabei war es anderen egal, ob dieses Verhaltensmuster auch zu unserer Persönlichkeit passte. Was richtig und falsch ist, bekommen wir zunächst von anderen aufgezeigt. Doch welches Verhalten ist richtig und welches falsch? Was bedeutet es überhaupt, wenn wir davon sprechen, dass ein Verhalten unserer »wahren Natur« oder unserer »wahren Persönlichkeit« entspricht? Das finde ich persönlich schwer zu definieren, denn die eigene Persönlichkeit ist nichts Feststehendes oder Statisches, sondern etwas Dynamisches, das sich im Laufe der Zeit entwickelt und verändert.

Ich habe gelernt, mein eigenes Leben zu leben und mich nicht an äußeren Erwartungshaltungen zu orientieren. Die Entscheidung, meinen Job als Unternehmensberater an den Nagel zu hängen und meiner Leidenschaft, dem Laufsport und dem Abenteuer, zu folgen und davon zu leben, war eine der besten in meinem Leben. Ich habe »nur« das für mich Richtige getan und bin meinem Freiheits- und Abenteuerdrang gefolgt.

Wenn wir das Richtige tun, statt das Falsche immer besser zu tun. Wenn wir nicht nur die Dinge richtig machen, sondern auch die richtigen Dinge machen. Dann sind wir authentisch.

Mein Impuls

Nicht was die Gesellschaft, andere oder dein Umfeld von dir erwarten, ist entscheidend. Entscheidend ist, einfach du selbst zu sein und dein eigenes Leben nach deinen Vorstellungen zu leben. Eben authentisch zu sein.

Bist du authentisch? Sei ehrlich zu dir selbst!

Fühlst du dich wohl in deinem Job? Als Ehemann oder Ehefrau? Als Mutter oder Vater?

Musst du dich verstellen? Kannst du ganz du selbst sein?

Welche Verhaltensweisen hast du vielleicht angenommen, mit denen du nicht glücklich bist?

8. Motive: Erkenne, akzeptiere und lebe deine Werte

»Wer ein Warum zu leben hat,
erträgt fast jedes Wie.«
(Friedrich Wilhelm Nietzsche)

Im Oktober 2012 nehme ich bei einem der anspruchsvollsten und gleichzeitig beeindruckendsten Wüstenrennen der Erde teil: dem Kalahari Extreme Marathon in Südafrika. Dieser Lauf geht über insgesamt 250 Kilometer in sechs Etappen durch den südlichen Teil der Kalahariwüste. 45 Läuferinnen und Läufer aus der ganzen Welt sind am Start. Unter ihnen ein junger Mann, der sich schon aufgrund seiner äußeren Erscheinung deutlich von den anderen Läufern unterscheidet: Kian aus Singapur. 34 Jahre alt, Vater von zwei Kindern und fast immer gut drauf. Ein richtig lockerer Zeitgenosse. Als ich ihn vor dem Lauf in Johannesburg zum ersten Mal sehe, denke ich: Hmmm, was will denn der hier? Von seinem Äußeren her passt er eher zum Sumo-Ringen als zum Laufen. Der bringt mindestens 100 Kilogramm auf die Waage. Ein Koloss von einem Mann. Wie will denn der mit so einer Statur diesen sehr anspruchsvollen Wüstenlauf bestehen? Das schafft er nie. Absolut ausgeschlossen.

Als wir im Hotel unsere Rucksäcke für den Lauf packen, erzählt mir Kian stolz, dass er durch das Training für diesen Lauf bereits 20 Kilogramm abgenommen hat. Von 125 auf 105 Kilogramm. Mehr aus einem Verantwortungsgefühl heraus frage ich ihn daraufhin: »Wie viele Marathons bist du denn schon gelaufen?« Nach meiner Einschätzung hätte jetzt so etwas kommen müssen wie: schon dutzende Marathons und auch schon den einen oder anderen Ultramarathon. Kian aber reagiert völlig verblüfft und antwortet mir: »Ich habe noch keinen einzigen Marathon gemacht. Mein längster Wettkampf ging über zehn Kilometer.« Ich denke mir im Stillen: »Wow. Das ist ja mal eine gute Basis für solch einen extremen Wüstenlauf. Es ist nur eine Frage der Zeit, bis er aufgibt.«

Für mich ist das ein großes Dilemma, denn ich mochte ihn auf Anhieb und bin froh, dass er bei diesem Lauf dabei ist, aber ich habe – gelinde ausgedrückt – ernsthafte Bedenken. Ich bin wirklich drauf und dran, ihm zu sagen: »Junge, lass mal stecken, genieß einfach die Gegend, achte auf deine Gesundheit und fahr in einem der Begleitfahrzeuge des Organisationsteams mit.«

Am nächsten Tag geht das Rennen los. Die erste Etappe über 30 Kilometer ist zum Einlaufen gedacht. 40 Grad Celsius, gleißende Sonne, sandige Strecke. Extrem kraftraubend. Ich bin begeistert von der Landschaft, voll in meinem Element und komme locker ins Etappenziel. Und irgendwann, sehr viel später als alle anderen, erreicht auch Kian das erste Lager. Er ist gut gelaunt, doch wir haben ja noch 220 lange und schwere Kilometer vor uns. Auf der zweiten Etappe, die technisch deutlich anspruchsvoller als die erste ist, gilt es 38 Kilometer zu laufen. Fünf Läufer geben heute bereits auf. Doch Kian hält irgendwie durch, kommt nach

11 Stunden im Lager an. Völlig erschöpft, fix und fertig mit der Welt – aber er ist im Tagesziel. Auch die dritte Etappe hält er irgendwie durch. Am vierten Tag steht die Königsetappe an: 79 Kilometer am Stück. 79 Kilometer durch tiefen Sand, durch gnadenlose Hitze und später auch durch die Dunkelheit. Heute wird sich definitiv die Spreu vom Weizen trennen. Nach 16 Stunden ist der letzte Läufer im Camp angekommen, einige haben aufgegeben, nur einer fehlt überhaupt: Kian. Dann kommt die Nacht. Von Kian keine Spur. Am nächsten Tag geht wieder die Sonne auf. Von Kian immer noch keine Spur.

Doch als niemand mehr wirklich an ihn glaubt, torkelt er heran und finisht auch die Königsetappe. Hundemüde, völlig dehydriert und geschwächt. 27 Stunden hat er für diesen Abschnitt gebraucht, sich mutterseelenallein durch die Nacht gekämpft und nicht aufgegeben. Alle sind fassungslos.

Kian schafft auch noch die letzten zwei Etappen und beendet den gesamten Kalahari Extreme Marathon trotz enormen Übergewichts, entgegen aller Vorhersagen und gegen jede reelle Chance. Unglaubliche 73 Stunden und 10 Minuten ist er gelaufen!

Selbstverständlich musste ich ihn, den vermeintlich Ahnungslosen, anschließend fragen, was sein Geheimnis war. Wie hatte er das geschafft? Und warum hatte er sich diese übermenschliche Anstrengung angetan? Warum das alles?

Was war seine Antwort? Ebenso einfach wie auch sofort einleuchtend und schön: Ein bedeutendes soziales Projekt in seiner Heimat war der tiefere Hintergrund für seine Teilnahme. Dafür war er über seine Grenzen gegangen. Er war für Kinder in den Waisenhäusern Singapurs gelaufen. Jeder Kilometer brachte bares Geld für diese Kinder. Immer wenn es ihm extrem schlecht gegangen, immer wenn Verzweiflung aufgekommen war, hatte er an diese Kinder gedacht. Das imponierte mir sehr und ich kann mich heute noch lebhaft daran erinnern, wie seine Augen leuchteten, als er mir davon erzählte.

Wir können Kians Geschichte übertragen und diese Sinnfrage auch in anderen Bereichen stellen. Warum liest du dieses Buch? Warum gehst du deinem aktuellen Beruf nach? Warum stehst du jeden Morgen auf? Warum bist du mit deinem derzeitigen Partner zusammen?

Vielleicht hast du dir diese Fragen schon länger nicht mehr gestellt. Deshalb ermutige ich dich: Frage dich nach deinem innersten Motiv für die jeweilige Handlung. Von deinen Motiven gehen unerschöpfliche Kräfte aus.

Warum ist das so? Motive sind dem emotionalen und unbewussten Bereich zuzuordnen. Sie sprechen durch das Bauchgefühl zu uns. Ziele hingegen sind eher rationaler Art und viel leichter in Worte zu fassen. Wir setzen uns Ziele bewusst. Sie spielen sich im Kopf ab. Das Problem ist: Viele Menschen sind absolute Zielsetzungsweltmeister. Ständig stecken sie sich hohe Ziele und tun alles, um diese zu erreichen. Die persönliche Zielsetzungsleiter wird so schnell wie möglich erklommen. Am Ende kommen sie ganz oben an und stellen eines fest: Die Leiter lehnt an der falschen Hauswand. Motive und Ziele stimmen nicht überein. Viele Menschen vergessen, sich die entscheidende Frage zu stellen. Die Frage des WARUM und WOFÜR. Die Frage nach unserem Ziel, nach dem WOHIN, hilft allein nicht weiter, sondern macht nur in Kombination mit dem WARUM und WOFÜR Sinn. Wenn wir ein Ziel *und* ein Motiv haben und beides übereinstimmt, dann sind wir langfristig motiviert.

Wie können wir die Motive eines Menschen erkennen und sichtbar machen? Wie lässt sich die Individualität und Wertestruktur einer Persönlichkeit ermitteln?

In der Praxis gibt es unterschiedliche Verfahren und Methoden, die sich mit der Analyse der Motive eines Menschen beschäftigen. Eine sehr anerkannte Methode ist das Reiss-Profil, ein Instrument zur Analyse der grundlegenden Bedürfnisse eines Menschen. Basis ist ein psychologisches Testverfahren, das von Professor Dr. Steven Reiss in den 1990er-Jahren entwickelt wurde. Professor Reiss identifizierte 16 grundlegende Motivdimensionen, die die Antriebs- und Wertestruktur eines Menschen abbilden. Diese 16 Lebensmotive bilden den Kern unserer menschlichen Persönlichkeit. Sie bestimmen das WARUM und WOFÜR unserer Person. Das Reiss-Profil setzt beim Ursprung menschlichen Handelns an. Das Resultat dieser Methode ist ein Persönlichkeitsprofil, das so individuell ist wie ein Fingerabdruck.

Die 16 Lebensmotive lauten:
1. Macht: Streben nach Führung und Einfluss
2. Unabhängigkeit: Streben nach Freiheit und Autarkie
3. Neugier: Streben nach Wissen und Wahrheit
4. Anerkennung: Streben, Ablehnung und Kritik zu vermeiden
5. Ordnung: Streben nach Struktur, Klarheit, Organisation und Sauberkeit

6. Sammeln/Sparen: Streben nach Anhäufung materieller Güter und Eigentum
7. Ehre: Streben nach Einhaltung eines Wertekanons oder Regelsystems
8. Idealismus: Streben nach sozialer Gerechtigkeit
9. Beziehungen: Streben nach Freundschaft und Nähe mit anderen
10. Familie: Streben nach Familienleben und danach eigene Kinder zu erziehen
11. Status: Streben nach Prestige, Reichtum und öffentlicher Aufmerksamkeit
12. Rache/Wettbewerb: Streben nach Konkurrenz, Kampf und Aggressivität
13. Eros: Streben nach Sexualität und Schönheit
14. Essen: Streben nach Nahrung
15. Körperliche Aktivität: Streben nach Fitness und Bewegung
16. Emotionale Ruhe: Streben nach emotionaler Sicherheit

Das Reiss-Profil kann helfen, die individuelle Motivation und die Ziele eines Menschen in Einklang zu bringen. Nehmen wir dazu als Beispiel das Lebensmotiv Beziehungen. Bei diesem Motiv geht es um das Bedürfnis nach Gesellschaft mit Gleichaltrigen und Kollegen. Die Befriedigung dieses Bedürfnisses ruft Gefühle von Freude und Zugehörigkeit hervor, während die Nichtbefriedigung zu Einsamkeitsgefühlen führt. Menschen mit einem starken Bedürfnis nach Beziehungen sind freundschaftlich gesinnt. Sie sind lebensfroh und optimistisch. Zu ihren Persönlichkeitsmerkmalen gehört es, charmant, gesellig, umgänglich, kontaktfreudig und lebhaft zu sein. Menschen mit einer geringen Ausprägung des Motivs Beziehung mögen das Alleinsein. Zu ihren Persönlichkeitsmerkmalen zählen die Eigenschaften, distanziert, kühl, introvertiert und ernsthaft zu sein. Stell dir bitte einen Vertriebsmitarbeiter mit solch einem geringen Beziehungsmotiv vor. Ihm fällt es schwer, Kontakte mit anderen zu knüpfen, obwohl seine Aufgabe gerade darin besteht, den Kundenstamm seiner Firma zu halten und neue Kunden zu gewinnen. Seine inneren Motive und seine Ziele sind gegensätzlicher Natur. Es wird ihn viel Energie kosten, die gesetzten Ziele zu erreichen, da er nicht im Einklang mit seiner Motivation handelt.

Mein Impuls

Ein eigenes, konkretes und messbares Ziel zu haben ist enorm wichtig. Doch es muss noch etwas Weiteres hinzukommen, um langfristig Motivation zu verspüren: das dazugehörige Motiv.

Die Frage »Warum willst du dieses Ziel erreichen?«, musst du dir beantworten können. Denn wenn du dein WARUM kennst, erträgst du auch jedes WIE. Jedes Motiv ist immer stärker als das Ziel.

Deshalb: Lerne deine Motive kennen! Beschäftige dich mit deiner Persönlichkeitsstruktur. Was sind deine persönlichen Motivationsknöpfe? Was treibt dich an? Warum führst du eine bestimmte Handlung aus? Erkenne, akzeptiere und lebe deine Motive! Meine klare Empfehlung: Lass dir dein persönliches Reiss-Profil erstellen.

Ziel – Der Rohstoff für das Abenteuer

Visionen sind wunderbar. Visionen können eine riesige Begeisterungswelle in uns auslösen. Doch Visionen liegen häufig in weiter Ferne und motivieren uns nicht zum Handeln. In der zweiten Phase gilt es deshalb, aus der großen Vision Ziele abzuleiten. Ziele sind das Bindeglied zwischen der Vision und der Umsetzung. Ziele geben uns Orientierung und zeigen einen klaren Weg voraus. Ohne ein Ziel gibt es keine Expedition. Ohne ein Ziel würde ich niemals ein Abenteuer starten. Ich wüsste ja nicht, wohin ich laufen sollte. Ich wüsste nicht, wofür ich trainieren sollte. Ziele sind für mich der Rohstoff für ein Abenteuer. Sie geben mir eine Richtung, stiften mir Sinn und verleihen mir die notwendige Antriebskraft, um ein großes Vorhaben in die Tat umzusetzen. Diese Kraft benötigen wir in vielen Lebensbereichen – ob Extremsportler, Schuhverkäufer, Automechaniker, Landwirt, Banker oder Student –, um etwas in unserem Leben zu bewirken.

Um uns auf ein Ziel zuzubewegen, braucht es eine Entscheidung. Eine klare Entscheidung, aus einem

Wunsch, Vorsatz oder Traum ein Ziel zu formulieren und uns auf den Weg Richtung Zielerreichung zu
begeben.

9. Zielrichtung: Der Weg ist das Ziel

»Man reist ja nicht, um anzukommen,
sondern um zu reisen.«
(JOHANN WOLFGANG VON GOETHE)

Im Frühjahr 2008 nahm ich an einem spektakulären und einzigartigen Rennen teil: dem Sächsischen Mount Everest Treppenmarathon, der von der Fachpresse als härtester Treppenlauf der Welt bezeichnet wird. Du läufst dabei einen Doppelmarathon, also 84,4 Kilometer. Aber nicht in der Ebene. Mitten in Radebeul, einer idyllischen Stadt nordwestlich von Dresden, befindet sich die Spitzhaustreppe. Der Anfang dieser Treppe markiert das Tor zum Weinberg »Goldener Wagen«, einem der zahlreichen Oberlößnitzer Weingüter. Bist du ganz oben auf der Treppe angelangt, erwartet dich der Bismarckturm. Diese Treppe durfte ich bei diesem Wettkampf insgesamt einhundert Mal hinauf und wieder hinunter laufen. Auf diese Weise kommst du auf exakt 8.848 Höhenmeter. So viel wie vom Meeresspiegel bis zum Gipfel des Mount Everest. Insgesamt hatte ich fast 40.000 Stufen bergauf und 40.000 Stufen wieder bergab zu laufen. Zum Vergleich: Das Empire State Building in New York hat gerade mal 1.860 Stufen. Du musst fast 21 Mal das Empire State Building hoch und runter laufen, um auf die gleiche Anzahl Treppen wie in Radebeul zu kommen.

Stell dir deinen Lebensweg wie diese Treppe vor. Unten am Tor zum Weinberg »Goldener Wagen« stehst du heute, hinauf zum Bismarckturm willst du. Deine Ziele sind die einzelnen Treppenstufen. Auf ihnen steigst du empor. Nicht dein großes Ziel, den gesamten Lauf zu finishen, sondern die Treppe selbst ist der Sinn. Nicht oben am Bismarckturm liegt also der Sinn, sondern direkt unter deinen Füßen. Bei jedem einzelnen Schritt. Bei jeder einzelnen Stufe. Wir wachsen nicht durch das Erreichen eines Ziels, sondern beim Gehen auf dem Weg dorthin. Dabei ist es eben gar nicht so entscheidend, dass wir ein Ziel unbedingt erreichen. Viel wichtiger ist die Richtung, in die wir uns bewegen. Elementar ist die Frage: Welche Art Mensch, welche Persönlichkeit werde ich, wenn ich diesen Weg gehe?

Es ist auch gar nicht so wichtig, WIE du dein Ziel erreichst. Du kannst zu Beginn deiner Reise den Weg zum Ziel gar nicht exakt kennen. Das Leben kann nur rückwärts verstanden, muss aber vorwärts gelebt werden. Im Nachhinein wusste ich, was es bedeutet, einen Doppelmarathon mit fast 9.000 Höhenmetern auf einer Treppe zu laufen. Doch zu dieser Erkenntnis gelangte ich nur, weil ich die entsprechende Erfahrung gemacht habe. Indem ich Stufe für Stufe, langsam, aber stetig, meinen Weg Richtung Ziel nahm und ihn dabei kennenlernte.

Wir müssen in unserem Leben nicht etwas erreichen, um glücklich zu sein. Das ist ein weit verbreiteter Irrtum. Es geht im Leben nicht darum, Ziele zu erreichen, um glücklich sein zu können. Das stimmt nicht. Es geht darum, glücklich seine Ziele zu erreichen. Im Ankommen, im Erreichen eines Ziels, liegt keine dauerhafte Zufriedenheit. Wenn ich irgendwo ankomme, breche ich meistens relativ schnell zum nächsten Ziel auf. Das Leben ist wie eine lange Reise. Eine Reise, die für uns ihren Reiz darin findet, irgendwo anzukommen und dann wieder aufzubrechen.

Bei einem langen Lauf wie dem Sächsischen Mount Everest Treppenmarathon ist es nie die Strecke, die ich bezwinge, sondern immer nur das eigene Ich. Ich muss keine extremen Läufe absolvieren, um mir etwas zu beweisen, denn ich kann im Leben sowieso nur dann gewinnen, wenn ich auf dem Weg vor allem mich selbst finde. Und ich finde mich selbst, wenn ich auf meine innere Stimme höre, die mir häufig signalisiert: »Tu das. Das ist wichtig für dich. Das tut dir gut.« Ich folge dann meistens dieser Stimme.

Wie viele Weltmeister, Olympiasieger, Topmanager und Spitzenpolitiker gibt es, die letztlich nicht glücklich mit ihrem Leben wurden? Die sich nach den großen Erfolgen in einer Phase der Orientierungslosigkeit verloren haben? Erfolge und Ziele helfen, aber sie machen nicht glücklich. Glücklich werden wir nur dann, wenn wir auf dem Weg zum Ziel lernen, uns selbst bewusst wahrzunehmen, Herausforderungen annehmen, bewusst ins kalte Wasser springen, unsere eigenen Grenzen verschieben und dabei persönlich wachsen und an Lebensqualität gewinnen. Das kann bedeuten, eine schwierige Prüfung zu bestehen, einen neuen Job anzutreten, zum ersten Mal frei vor Publikum zu reden oder eben eine Treppe einhundert Mal hinauf und hinunter zu laufen.

Mein Impuls

Es ist gar nicht so entscheidend, dass wir ein Ziel unbedingt erreichen. Viel wichtiger ist die Richtung, in die wir uns bewegen. Viel bedeutender als das Ziel ist die Frage: Welche Art Mensch, welche Persönlichkeit werde ich, wenn ich diesen Weg gehe?

Nimm dir Zeit, gewinne ein wenig Abstand zu deinem Alltag und frag dich: Was willst du in deinem Leben erreichen? Wo willst du hin? Wenn es in Bezug auf Geld und Zeit keinerlei Begrenzungen gäbe, was würdest du machen? Stell dir dieses Szenario bitte bildhaft vor: Du besitzt 500.000 Euro und alle Zeit der Welt, du kannst nicht scheitern. Was würdest du in deinem Leben machen? Nimm dir die Zeit zur Beantwortung dieser Frage. Schreib alles auf, was dir in den Sinn kommt. Dabei ist es erstmal überhaupt nicht entscheidend, ob die Dinge, die du aufschreibst, realistisch sind oder nicht. Es geht auch nicht darum, dass du in diesem ersten Schritt deine konkreten Lebensziele definierst, sondern einfach darum, dir über deine Wünsche und Träume bewusst zu werden. Denn diese geben deine Richtung vor, in die du dich bewegst.

10. Zielklarheit: Aus Träumen werden Ziele

»Der Langsamste, der sein Ziel nicht aus den Augen verliert, geht noch immer geschwinder als jener, der ohne Ziel umherirrt.«
(GOTTHOLD EPHRAIM LESSING)

Lebe deinen Traum! Diesen Spruch kennst du, oder? Träume sind richtig und wichtig. Sie stellen für mich den Rohstoff für meine Abenteuer dar. Fast alle meine Expeditionen fangen mit einem Traum an. Beispielsweise bei meiner Durchquerung der Atacamawüste in Chile. Dieses Laufabenteuer, das ich im Mai 2010 durchführte, nahm schon Jahre zuvor seinen Ursprung in einem Traum.

Ich träumte lange Zeit von dieser Wüste, von der Einsamkeit, der endlosen Weite, von der Stille, von der Sonne, die mir ins Gesicht brennt, von den majestätischen Anden, die einen atemberaubenden Kontrast zum azurblauen Himmel bilden. Davon träumte ich Monate und Jahre, bevor ich dann leibhaftig in der Wüste stand. Alles existierte anfangs nur in meinem Kopf. Jeder von uns hat doch Träume, oder? Träumen ist eine ungemein bereichernde Aktivität und bedeutsame Fähigkeit auf dem Weg zu großen Taten, der heutzutage (besonders bei Erwachsenen) viel zu wenig Beachtung geschenkt wird. Träume und Wünsche sind die Vorboten von Zielen. Doch mit Träumen allein kommen wir nicht weiter, denn

Träume sind abstrakt. Träume existieren nur in unserer Vorstellung. So wichtig das Träumen ist, es stellt nichts Konkretes dar. Damit wir unsere Träume auch leben können, ist es bedeutsam, diese in Ziele umzuwandeln.

Wann ist ein Traum nur ein Traum? Wann wird aus einem Traum ein Ziel? Und wann können wir von einem Traumziel sprechen?

Mein Traum von der Atacamawüste allein hätte mich sicherlich nicht nach Chile geführt. Dieses Abenteuer konnte ich nur realisieren, weil aus dem Traum irgendwann ein konkretes Ziel wurde. Anfang 2009 fing ich an, mich intensiver mit der Wüste auseinanderzusetzen. Ich besorgte Kartenmaterial, tüftelte an einer möglichen Route, beschäftigte mich mit Land und Leuten, dachte über eine mögliche Vermarktung nach. Und vor allem: Ich traf eine klare Entscheidung. Im Februar 2009 fasste ich den Entschluss, diesen Traum in die Tat umzusetzen und schrieb schwarz auf weiß auf meine Ziele-Liste: »Ich laufe im Mai 2010 600 Kilometer durch die Atacamawüste.«

Aus einer abstrakten, unkonkreten Träumerei war im Laufe der Zeit ein konkretes Ziel geworden. Ich wusste auf einmal genau, was ich wollte, wie ich es wollte und wann ich es wollte.

Viele Menschen wissen nicht, was sie genau wollen. Sie haben sicherlich Wünsche, Sehnsüchte, Vorsätze und Träume, aber keine konkreten, greifbaren und messbaren Ziele. Es ist, als würdest du in einen gewaltigen Fluss springen, ohne vorher zu wissen, wo dieser hinfließt. Du entscheidest nicht bewusst, in welche Richtung du willst. Du lässt dich einfach von der Strömung treiben und wirst mitgerissen. Ohne eigene Kontrolle. Ohne deine eigenen Werte ausleben zu können. Bis du irgendwann an der Talstufe des Flusses, vor einem imposanten Wasserfall angekommen bist. Doch dann ist es zu spät, die Richtung zu ändern. Ohne ein Ziel tun wir uns im Leben schwer, eine Richtung zu halten. Wir taumeln von einer Seite zur anderen. Probieren ein bisschen von diesem und von jenem. Ohne ein Ziel verlieren wir uns ganz schnell in der Hektik des Alltags, machen das, was alle tun. Ohne ein konkretes Ziel vor Augen können wir uns nur schwer motivieren, zu handeln. Ich weiß, wovon ich spreche.

Der Ausgangspunkt für alle meine Extremläufe, meine Schindereien, meine langen und einsamen Trainingseinheiten ist immer das jeweilige Ziel. Ein Ziel motiviert mich und hilft mir, auch in schwierigen Situationen weiter am Ball zu bleiben. Glaubst du, dass ich ohne das Ziel »Durchquerung Atacamawüste« sechs Stunden lang bei Dauerregen und eisigen Temperaturen durch den Wald gelaufen wäre? Dieses Ziel stellte für mich die Sonne am Horizont dar. Du kannst es dir wie einen Fixstern vorstellen, der noch ganz weit weg ist. Er scheint zwar unendlich fern, doch du hast ihn immer vor Augen. So war es auch bei meinem großen Ziel im Jahr 2010. Ich sah die Wüste lange vor dem Lauf permanent vor meinem geistigen Auge.

Die Basis für jeden Erfolg im Leben sind Ziele. Sie geben die Richtung vor, in die wir uns bewegen.

In welche Richtung bewegst du dich?

Die Erfolge in deinem Leben hängen größtenteils davon ab, wie klar dir ist, was du in deinem tiefsten Inneren willst. Je öfter du über deine Ziele nachdenkst, je häufiger du diese aufschreibst und umschreibst, je mehr du dich mit ihnen auseinandersetzt, desto deutlicher werden sie dir vor Augen treten. Je genauer du weißt, was du willst, desto wahrscheinlicher ist es, dass du immer mehr von dem tust, was du tun musst, um deinen Zielen näherzukommen. Wenn es dir gelingt, in allen deinen Lebensbereichen klare, spezifische Ziele zu setzen, wirst du mehr erreichen als durch irgendwelche anderen Aktivitäten. Absolute Klarheit über das, was du willst, ist der Ausgangspunkt jeder großartigen Leistung.

Mein Impuls

Mit Vorsätzen, Wünschen und Träumen allein kommen wir nicht weiter. Sie führen nicht zu einem langfristigen, aktiven Handeln. Deshalb ist es entscheidend, einen Traum zu konkretisieren. Also mach einen abstrakten Vorsatz zu einem konkreten Ziel. Das kann zum Beispiel folgendermaßen aussehen:

Vorsatz: Ich würde gerne mehr Sport treiben.
Ziel: Ich gehe jeden Montag und jeden Donnerstag dreißig Minuten joggen.

Vorsatz: Ich möchte im neuen Jahr abnehmen.
Ziel: Ich wiege am 31. 12. 2011 75 Kilogramm.

Vorsatz: Ich werde mehr Geld verdienen.
Ziel: Ich verdiene am Ende eines jeden Monats den Betrag von X Euro.

Nur konkrete, messbare und vor allem eigene Ziele, die wir uns ständig bewusst machen, bringen uns weiter. Im Extremsport wie im normalen Berufs- und Alltagsleben.

11. Schriftlichkeit: Warum nur schriftliche Ziele zum Erfolg führen

»Wer schreibt, der bleibt.«
(Volksmund)

Eine der längsten Strecken, die ich bisher je gelaufen bin, ist die des Grand Union Canal Race in England. Dieses Rennen geht über insgesamt 145 Meilen, 232 Kilometer – am Stück! Das sind fünf ausgewachsene Marathonläufe plus einem Halbmarathon. Bei dem Rennen startest du im Zentrum von Birmingham und läufst dann nonstop, innerhalb von maximal 45 Stunden, nach London. Dabei darfst du während des Rennens nicht länger als vierzig Minuten an einem Punkt pausieren, sonst wirst du disqualifiziert. Von den gestarteten 86 Läufern erreichen am Ende nur 34 das Ziel. Die unglaublich lange Distanz von 232 Kilometern bedeutete für mich damals eine ungemein große Herausforderung und absolute Grenzerfahrung. Denn die Strecke führte während des gesamten Laufes längs des Grand-Union-Kanals.

Nach insgesamt 40 Stunden und 56 Minuten erreichte ich das Ziel in London. Doch so lange und monoton die Strecke auch gewesen ist, ich konnte mich fast nicht verlaufen, weil es eben immer nur ein Weg war. Dieser wechselte zwar von einem breiten Wanderweg über eine schmale Schotterpiste bis hin zu einem matschigen Trampelpfad, doch eines blieb immer gleich: Es ging den Kanal entlang. 232 lange Kilometer.

Der englische Veranstalter wollte die Streckenführung noch sicherer gestalten und hatte die gesamte Strecke von Birmingham bis London sehr genau beschrieben und als einzelne Karten ausgegeben. Eine Karte zeigte jeweils einen Ausschnitt von fünf Meilen. Da das Rennen über 145 Meilen ging, gab es also insgesamt dreißig solche Karten. Auf jeder Karte waren jede Brücke und jeder Verpflegungspunkt einzeln markiert und genau beschrieben. Ich erhielt also für jeden Streckenabschnitt, für jedes Detail eine genaue schriftliche Anleitung auf dem Weg zum Ziel. Ich musste im Endeffekt nur noch laufen.

Warum erzähle ich dir das alles so genau? Weil nur die wenigsten Menschen solch eine schriftliche Anleitung für ihr eigenes Leben haben. Weil nur die allerwenigsten Menschen eine genaue Lebensplanung und eine konkrete Zieldefinition erstellen. Was bei einem Lauf wie in England eine Selbstverständlichkeit ist, wird für so etwas elementar Wichtiges wie unser Leben häufig vernachlässigt. Statistiken zeigen nämlich, dass nur vier Prozent aller Menschen in den westlichen Industrienationen ihre Ziele schriftlich festhalten. Warum ist das so? Die meisten glauben, sie hätten schon Ziele. Dabei handelt es sich meistens »nur« um gute Vorsätze, um fromme Wünsche oder um irgendwelche Träume. Wenn jemand beispielsweise zu mir sagt, dass er sich ab nächstem Monat gesünder ernähren wolle, dann ist das kein Ziel, sondern bestenfalls ein Vorsatz.

Unser Gehirn benötigt jedoch Fakten und Zahlen, um entsprechende Befehle zu senden. Solange unser Gehirn nicht konkret weiß, was es tun muss, wird es überhaupt nichts tun. Unser Gehirn benötigt eine schriftliche Anleitung, um konkret zu wissen, was es als Nächstes zu tun hat. Und diese Anleitung geben wir ihm, wenn wir ihm unsere Ziele schriftlich mitteilen. Was wir nur im Kopf haben, vergessen wir ganz schnell wieder. Was wir dagegen mit unseren eigenen Augen sehen, weil es schriftlich festgehalten wurde, können wir uns jeden Tag immer wieder in unser Bewusstsein rufen. Das tägliche bewusste Auseinandersetzen mit unseren Zielen ist entscheidend. Es gibt nur einen Weg, damit du deine Ziele wirklich angehst und schlussendlich auch erreichst: Schreib sie auf!

Das schriftliche Festhalten von Zielen hat noch weitere Vorteile. Etwas aufzuschreiben entlastet deinen Kopf. Wenn du etwas schriftlich fixierst, weiß dein Gehirn: So, jetzt kann ich diese Sache loslassen und mich auf etwas anderes konzentrieren, denn es ist ja aufgeschrieben und ich werde mich später darum kümmern. Und vor allem: Aufschreiben macht deine Ziele verbindlicher, denn das geschriebene Wort hat gefühlsmäßig für uns eine stärkere Bedeutung als ein flüchtiger Gedanke.

Was du siehst, kommt in dein Bewusstsein. Dein Körper folgt deinen Augen.

Stell dir vor: Du läufst einen schmalen Pfad entlang, maximal einen Meter breit, links und rechts geht es 400 Meter steil in die Tiefe. Solange du dich mit deinen Augen auf den Pfad fokussierst, kommst du sicher voran. Sobald deine Augen aber nur ein paar Zentimeter nach links oder rechts zum Abgrund wandern, kann das schwerwiegende Konsequenzen haben. Genauso ist es im Alltag. Deine Augen bestimmen, was du wahrnimmst und was in deinen Kopf kommt.

Deshalb: Führ dir deine Ziele immer wieder vor Augen. Mach sie sichtbar!

Wenn du mich in meinem Büro besuchen würdest, wärst du dir über meine Ziele rasch im Klaren. Du könntest sie gar nicht übersehen. Auf riesengroßen Zetteln habe ich für jeden meiner Lebensbereiche meine Ziele aufgeschrieben und an die Wand gehängt. Warum mache ich das? Auf diese Weise werde ich ständig, ob ich will oder nicht, mit meinen Zielen konfrontiert. Ich beschäftige mich jeden Tag mit meinen wichtigsten Zielen. Morgens, mittags und abends. Wieder und immer wieder.

Wie du ein Ziel formulieren kannst, bekommst du in Vorträgen meistens nicht gesagt. Es wird häufig nur gefordert, dass wir uns Ziele setzen sollen. Aber nie, wie wir das konkret machen sollen. Wenn du dir deine Ziele aufschreibst, sind die Beschreibung und die Wortwahl ganz entscheidend. Besonders die drei folgenden Aspekte sind ausschlaggebend:

1. Präsens
2. Ich-Form
3. Positiv

Beispiele:

»Ich laufe am 24. August 2007 um den Mont Blanc und erreiche innerhalb von 46 Stunden das Ziel.«

»Ich verkaufe heute an fünf meiner Kunden die XY-Versicherung.«

»Ich verbringe jeden Donnerstagnachmittag mit meiner Tochter.«

Mein Impuls

Schreib dir deine wichtigsten Ziele auf je ein großes Blatt Papier und hänge es an einen zentralen Punkt in deinem Haus oder in deiner Wohnung. An einen Ort, wo du sie jeden Tag sehen musst. Bleib jeden Tag nur für eine Minute vor deinen Zielen stehen und beschäftige dich mit ihnen.

Eine weitere Methode ist: Schreib dir dein wichtigstes Ziel auf eine Karteikarte und leg sie in deinen Geldbeutel. Damit wirst du täglich mehrere Male an dein Ziel erinnert. Und nebenbei kannst du beispielsweise Wartezeiten an der Kasse oder am Bahnhof sinnvoll nutzen. Probiere es aus!

Und noch ein letzter Tipp: Schreib deine wichtigsten Ziele jeden Tag aufs Neue auf. Am besten schon am Morgen. Steh auf und notiere dir deine drei bedeutendsten Ziele. Mach das jeden Tag, drei Wochen lang.

12. Zieldimension: Große Ziele – großes Potenzial

»Ziele nach dem Mond. Selbst wenn du ihn verfehlst, wirst du zwischen den Sternen landen.«
(FRIEDRICH WILHELM NIETZSCHE)

Das Problem ist bei vielen Menschen nicht, dass ihr Ziel zu groß ist. Das Problem ist, dass ihr Ziel zu klein ist oder dass sie gar keines haben. Wir haben in Bezug auf die Zielsetzung immer nur zwei Möglichkeiten. Die erste Möglichkeit ist: Wir können unsere Ziele an uns orientieren. Dann bleiben wir stehen. Oder: Wir können uns an unseren Zielen orientieren. Dann müssen wir wachsen. Wofür entscheidest du dich?

Wir setzen uns häufig zu kleine Ziele. Dadurch wird das Ausmaß des Erfolgs zu klein, und die Erreichbarkeit ist zu sicher. Du musst dir große Ziele setzen. Nur wenn du dir große Ziele steckst und damit die Möglichkeit zu scheitern eingebaut ist, kannst du auch Großes erreichen. Allein Ungewissheit und die Möglichkeit zu scheitern bringen dich in Bewegung und treiben dich an. Schwierige Situationen zu meistern und ein mögliches Scheitern zu verhindern bilden für mich eine großartige Motivation, Außergewöhnliches zu leisten. Deshalb setze ich mir ständig große Ziele, teilweise bewusst zu große Ziele. Ziele, die mir zunächst völlig unerreichbar erscheinen. Beispielsweise in Australien zwei Wochen lang täglich zwei Marathons zu laufen. Dieses

Vorhaben stellte im Jahr 2012 ein solches Ziel dar. Bei Etappenläufen war ich bis dahin im Schnitt nie länger als einen Marathon pro Tag gelaufen. Mit meinem Ziel, 1120 Kilometer in zwei Wochen durch das australische Outback zu laufen, betrat ich persönliches Neuland. Doch ich wusste von vornherein, dass ich auf jeden Fall erfolgreich sein würde. Nicht weil ich auf jeden Fall den Zielpunkt, den Ayers Rock, erreichen würde, sondern allein dadurch, dass ich mich auf den Weg zu meinem Ziel machte. Ich lief los, wagte mich ins Unbekannte und ließ mich auf dieses Abenteuer ein. Das bedeutet Erfolg.

Mit zu großen Zielen sind wir auf jeden Fall erfolgreich, nicht unbedingt im Vergleich mit dem Zielpunkt, aber im Vergleich zu unserem Ausgangszustand. Es geht nicht darum, immer und zu 100 Prozent sein Ziel zu erreichen. Das Erreichen des Ziels ist gar nicht so wichtig. Viel bedeutungsvoller ist die Richtung, in die wir uns bewegen.

Derjenige, der stets nur geringe Ansprüche an sich stellt, wird zu 99 Prozent seine Ziele erreichen. Aber der Grad seiner persönlichen Weiterentwicklung ist sicherlich nicht so groß wie bei jemandem, der hohe Ansprüche an sich stellt, sich also große Ziele setzt, und diese vielleicht nur zu 70 Prozent erreicht. Wenn du auf den Mond willst, musst du nach den Sternen greifen. Es muss nicht gleich jeder das Ziel haben, auf den Mond zu fliegen oder Hunderte von Kilometern durch das Outback zu laufen. Aber auch und gerade im Alltag gilt es, groß zu denken. Wie wäre es mit dem Ziel, anstatt den 50.000 Euro pro Jahr in sechs Jahren das Fünffache zu verdienen? Wie wäre es mit dem Ziel, sich über ein Jahr täglich mindestens 15 Minuten zu bewegen? Wie wäre es mit dem

Ziel, pro Jahr 150 Fachbücher zu lesen? Wenn du von den anvisierten 150 nur 60 Prozent wirklich liest, sind das 90 Bücher pro Jahr. Denkst du, dass dich das weiterbringt?

Worauf es bei der Zielsetzung und Zielformulierung ankommt: Du kannst dir Ziele wie eine Art Fixstern vorstellen. Ein Fixstern ist sehr, sehr weit weg. So ist das auch mit unseren Zielen. Große Ziele sind ganz weit weg. Aber sie geben uns Orientierung. Sie geben uns eine Richtung vor. Und sie zeigen uns, welchen Weg wir einschlagen.

In vielen Motivationsbüchern kannst du lesen, dass wir uns bitte realistische Ziele setzen sollen. Das stimmt nur bedingt, denn mit realistischen Zielen wirst du niemals die ganz großen Erfolge feiern, weil du dich von vornherein durch den realistischen Bezug schon selbst begrenzt. Durch realistische Ziele wird das Scheitern größtenteils ausgeklammert. Und weil die meisten Menschen eben nicht scheitern wollen, setzen sie sich überhaupt keine Ziele oder zu kleine Ziele.

Dennoch benötigen wir auch realistische Ziele. Auf kurzfristige Sicht. Das ist nur scheinbar ein Widerspruch, denn kurzfristige und langfristige Ziele sind vom Typ her verschieden, ergänzen sich aber gegenseitig. Lebensziele können gar nicht hoch genug sein, während wir uns bei den kurzfristigen Zielen nicht überschätzen sollten. Wenn du dir beispielsweise als Berufseinsteiger sagst: Ich möchte in 15 Jahren ein Vermögen von einer Million Euro haben, ist das solch ein langfristiges hochgestecktes Ziel. Ein Fixstern. Ein dazugehöriges kurzfristiges Ziel kann lauten: Ich spare jeden Monat zehn Prozent meines

Einkommens. Wir sollten die kurzfristigen Ziele so setzen, dass wir sie auf jeden Fall erreichen können.

Die meisten Menschen scheitern daran, dass sie Meister des Mittelmäßigen werden wollen. Unsere Ziele bestimmen unser Wachstum. Wir wachsen in sie hinein, obwohl sie vielleicht zunächst völlig unrealistisch erscheinen. Viele Menschen wählen ein zu kleines Ziel, das ihr Wachstum begrenzt und einengt. Wenn unser Verlangen groß genug ist, finden wir immer einen Weg, das zu erhalten, was wir im Leben haben wollen. Der Hauptgrund, warum die meisten Menschen nicht mehr erreichen wollen, ist der, dass sie nur die Dinge anstreben, die in Reichweite liegen. Anstatt nach Träumen und großen Zielen zu greifen.

Wenn wir älter sind, werden wir nur eines bereuen: die Dinge, die wir nicht getan haben. Ein entsetzlicher Gedanke. Wie wäre wohl mein Leben verlaufen, wenn ich mir größere Ziele gesetzt hätte?

Bei großen Zielen geht es nicht um Geld, um Luxusautos, um teure Häuser oder andere materielle Dinge. Es geht um deine Persönlichkeit, die sich im Laufe des Prozesses entwickeln wird. Der wirkliche Wert eines großen Ziels ist deine Entwicklung auf dem Weg dorthin. Je höher du dir das Ziel setzt, desto mehr musst du wachsen, um es zu erreichen. Je höher das Ziel, desto besser ist die Qualität deines Wegs.

Mein Impuls

Unsere Erwartungen und die daraus resultierenden Ziele bestimmen, was wir im Leben erhalten. Frag dich nicht, was realistisch ist. Frag, wie deine Realität aussehen soll. Konzentriere dich deshalb nicht immer nur auf das Realistische. Denk groß und setz dir bewusst zu hohe und ungewöhnliche Ziele. Denn gerade die gewöhnlichen Menschen wie du und ich sind es, die Außergewöhnliches erreichen. Aber eben nicht mit gewöhnlichen Zielen.

13. Absolut: Es geht nur um dich

*»Das Vergleichen ist das Ende des Glücks
und der Anfang der Unzufriedenheit.«*
(SØREN KIERKEGAARD)

Immer wieder ein Abenteuer zu suchen, ins Unbekannte
aufzubrechen, eine völlig neue Erfahrung zu machen fasziniert mich ungemein. Das stellt für mich die Essenz des
Lebens dar. Pure Lebensfreude. Aber auch das traditionelle Laufen und die klassische Leichtathletik begeistern
mich nach wie vor. Vor Mittelstrecken wie beispielsweise einem 800-Meter-Lauf habe ich allergrößten Respekt.
In diesem Sport entscheiden oft Hundertstelsekunden
über Gold, Silber und Bronze. Ein Rennen, das mir bis
heute sehr lebendig in Erinnerung geblieben ist, war der
Finallauf über 800 Meter bei den Olympischen Spielen
in London im Jahr 2012.

Ich habe dieses Ereignis deswegen noch lebhaft vor
Augen, weil bei diesem Rennen alle acht Läufer unter
einer Zeit von 1:44 Minuten blieben, was es zuvor noch
niemals gegeben hatte. Sieben der acht Finalisten stellten eine persönliche Bestzeit auf. Unglaublich! David
Rudisha, ein Ausnahmeläufer aus Kenia, gewann dieses
Finale und stellte mit seiner Zeit von 1:40:91 Minuten
einen neuen Weltrekord auf. Damit verbesserte er seine
eigene Bestzeit, die er vor zwei Jahren in Rieti aufgestellt
hatte, um eine Zehntelsekunde. Was viele Menschen
vielleicht nicht mehr wissen: Der zweitplatzierte Nijel
Amos aus Botswana lief mit 1:41:73 Minuten die acht-

beste Zeit aller Zeiten und stellte einen neuen Junioren-Weltrekord auf. Er machte das Rennen seines Lebens und lief eine neue persönliche Bestzeit. Ein riesengroßer Erfolg. Doch er wurde mit seiner Rekordzeit eben »nur« Zweiter. Doch jetzt kommt es darauf an! Was war sein Ziel gewesen? War es sein Ziel, sein Bestes zu geben und einen persönlichen Rekord aufzustellen? Dann fühlte er sich mit seiner Silbermedaille wie im siebten Himmel. Oder war es sein Ziel, der Beste zu sein und Gold zu gewinnen? Dann war Nijel Amos gescheitert. Er würde den zweiten Platz als bittere Niederlage empfinden.

Gold zu holen – das klingt nach einem absoluten Ziel, es ist aber nur ein relatives. Warum? Weil die Leistung eines Menschen immer mit der von anderen verglichen wird. Viele Menschen setzen ihre Ziele in Konkurrenz zu anderen, also in Relation zu deren Leistung. Sie orientieren sich am Außen. Das ist kontraproduktiv. Relative Ziele sind der direkte Weg in die permanente Unzufriedenheit, denn es gibt fast immer jemanden, der besser ist als du.

Deshalb: Vergleich dich nicht mit anderen! Ein relatives Ziel kann nie deine eigene Leistung messen, denn die Umstände, die einen Menschen an die Spitze bringen, liegen nicht in deiner Hand. Alles, worüber du bestimmst, ist deine eigene Leistung. Setz dir deshalb absolute Ziele. Lauf doch lieber dein eigenes Rennen, geh deinen eigenen Weg, begib dich auf deine eigene Reise. Das ist zugegebenermaßen nicht immer einfach. Schon in frühester Kindheit bekommen wir das Konkurrenzdenken und das Vergleichen mit anderen eingeimpft. »Schau mal, der Peter, der hat ein Tor mehr geschossen als du.« »Ja, unser Georg ist schon mit acht Monaten gelaufen.« »Und unsere Katharina ist Klassenbeste und hat fünf Einser im Zeugnis stehen.« Durch die Beschallung der Medien wird das »Besser als jemand anderer sein«-Denken weiter angestachelt.

Bei meinen sportlichen Projekten setze ich mir nur absolute Ziele. Eine bestimmte Platzierung interessiert mich schon seit Jahren nicht mehr. Das war zu Beginn meiner Laufkarriere noch bedeutend für mich. Doch seit ich mich nicht mehr mit anderen im Wettbewerb messe, ist meine Zufriedenheit beim Laufen viel höher. Ich kreiere mir meine eigenen Laufabenteuer. Das mache ich nicht, um einzigartig zu sein und mich von der Masse der Läufer abzuheben. Mir geht es vor allem um die Qualität einer Erfahrung, um die Intensität eines Erlebnisses, um das eigentliche Abenteuer. Dies lässt sich sowieso nicht auf Minuten und Sekunden bestimmen.

Mein Impuls

Vergleich dich nicht mit anderen! Gib dein Konkurrenzdenken auf. Ein relatives Ziel kann nie deine eigene Leistung messen, denn die Umstände, die einen Menschen an die Spitze bringen, liegen nicht in deiner Hand. Alles, worüber du bestimmst, ist deine eigene Leistung. Setz dir deshalb absolute Ziele.

Es geht nicht darum, besser als jemand anders zu sein. Es geht nur darum, besser als dein früheres Selbst zu sein. Frag dich deshalb immer, wenn du dir ein Ziel setzt: Ist es ein absolutes oder ein relatives Ziel?

14. Zwischenziele: Die Macht der Aufteilung

> *»Nichts ist besonders schwer, wenn*
> *du es in kleine Aufgaben teilst.«*
> (HENRY FORD)

Für mein erstes Buch »EXTREM – Die Macht des Willens« habe ich über drei Jahre gebraucht. Zunächst war ich voller Elan und hochmotiviert, mein großes Ziel, ein eigenes Buch zu schreiben, anzugehen. Doch ich kam nicht in die Gänge. Die Blätter, auf die ich mein Manuskript schreiben wollte, blieben häufig leer. Ich war verzweifelt und frustriert. Heute kenne ich die Gründe für diese Situation, in der ich mich befunden hatte. Ich hatte mich monate- und jahrelang selbst sabotiert. In meinem Kopf war es unmöglich, 250 Seiten mit Inhalt zu füllen. Meine Gedanken sagten zu mir: Du hast noch nie ein Buch geschrieben, du weißt noch nicht genug, du bist nicht gut genug dafür. Anstatt mir das jedoch einzugestehen, habe ich jeden Tag andere Dinge gemacht. Kleine Sachen wie Briefe oder E-Mails beantworten, jemanden anrufen, spazieren gehen. Ich ertappte mich ständig dabei, wie ich mich permanent in unwichtige Alltagsarbeiten verstricken ließ. Warum ging ich diesen belanglosen Tätigkeiten nach? Weil ich das Gefühl der subjektiven Überforderung spürte. Was bedeutet das? Du setzt dir ein großes Ziel und weißt, dass es ganz viel Arbeit und Energie kostet. Dein Endziel ist vor deinem inneren Auge vollkommen außer Reichweite. Weit und breit ist für dich keine Ziellinie, kein Gipfel in Sicht. Ein Gefühl der Unerreichbarkeit überkommt dich. Subjektive Überforderung. Genau in diesem Zustand befand ich mich.

Dann lernte ich die Macht der Aufteilung kennen. Das bedeutet, du unterteilst dein großes Ziel in einzelne machbare Zwischenschritte.

Anstatt 250 Seiten auf einmal zu Papier zu bringen, habe ich mir zum Ziel gesetzt, jeden Tag nur eine Seite zu schreiben. Nur eine Seite – 250 Tage lang. Das war anfangs eine enorme Herausforderung. Selbstdisziplin in Reinform. Jeden Abend habe ich mich an meinen Schreibtisch gesetzt und angefangen zu schreiben und war stolz wie Oskar, wenn ich wieder eine Seite geschafft hatte. Mit der Zeit ging es immer leichter und schneller. Das ist die Macht der Aufteilung. Die Macht der kleinen Zwischenziele. Sie schützt uns vor der subjektiven Überforderung.

Als ich mit dem Ultramarathonlaufen vor 13 Jahren begonnen habe, fiel mir bei sehr vielen Wettkämpfen immer wieder ein bestimmter Läufer auf. Ob beim legendären 100-Kilometer-Lauf in Biel, beim 6-Stunden-Lauf in Nürnberg oder beim Fidelitas Nachtlauf in Karlsruhe. Immer wieder tauchte das Gesicht eines etwas älteren Herrn auf. Weißer Vollbart, schwarzes Kopftuch, sympathisches Gesicht. Mein erster Gedanke war: ganz schön alt. Doch er schien jedes Mal topfit zu sein. Bei jedem Lauf erreichte er das Ziel. Vor dem Lauf am Mont Blanc kamen wir schließlich ins Gespräch. Er stellte sich als Bernhard vor. Wir verstanden uns sofort und redeten gleich über Gott und die Welt. Er erzählte mir von seinen Laufabenteuern, die ihn schon in die entlegensten Winkel der Erde geführt hatten. Zum Beispiel vom legendären Badwater Ultramarathon im Tal des Todes in den USA. 217 Kilometer und über 4.000 Höhenmeter nonstop bei teilweise fünfzig Grad. Unfassbar! Einige jüngere Läufer mussten aufgeben, doch er beendete dieses Rennen erfolgreich. Ich war, gelinde ausgedrückt, stark beeindruckt von ihm. Fast wäre ich auf die Knie gefallen und hätte ihm seine Schuhe geküsst. Zu diesem Zeitpunkt war ich Mitte 20 und noch total unerfahren im Bereich Ultramarathon. Vor den gewaltigen Leistungen Bernhards hatte ich allergrößten Respekt. Und irgendwann wollte ich von ihm wissen, wie alt er denn sei. Das interessierte mich brennend. Mich haute es fast aus meinen Laufschuhen, als er zu mir sagte, dass er 62 Jahre war. Ich war hin und weg und fragte mich: Wie schafft es ein 62-jähriger Mann, Distanzen von 100 Kilometern und mehr zu laufen? Was ist sein Erfolgsgeheimnis? Und genau diese Frage stellte ich ihm. Was war seine Antwort? Er sagte mir mit seiner tiefen Stimme: »Ich laufe nicht 100 Kilometer, sondern einen Kilometer – 100 Mal!«

Das ist die Macht der Aufteilung. Bernhard konzentrierte sich immer nur auf den jeweiligen Kilometer und konnte so die ganze Strecke laufen. Bei einer Konzentration auf die gesamte Strecke hätte ihn allein der Gedanke daran schon völlig abgelenkt und ermüdet. Begeistert von dieser Erkenntnis fing ich an, genau dieses Prinzip auf mich zu übertragen. Und von da an gingen meine Gedanken bei den Läufen immer nur bis zum nächsten Verpflegungspunkt oder beschränkten sich auf den aktuellen Kilometer. Ich denke heute teilweise nur noch an den jeweils nächsten Schritt. »Jeder gelaufene Meter bringt dich deinem großen Ziel ein Stück näher«, habe ich dann im Hinterkopf. Die gesamte Strecke, die gesamten 1120 Kilometer wie bei meinem Lauf durch Australien sind völlig ausgeblendet. Damit erhalte ich eine ganz andere Einstellung gegenüber Distanzen. 1120 Kilometer kann ich mir nur schwer vorstellen. Aber acht Kilometer oder auch zwölf Kilometer sind noch überschaubar.

Was ist dein nächster Kilometer in deinem »Berufsmarathon«? Ein dringendes Telefonat? Eine wichtige Prüfung? Die entscheidende Verkaufspräsentation? Die Abgabe des Projektplans?

Mein Impuls

Ein großes Ziel liegt häufig in weiter Ferne, ist nicht greifbar und momentan noch nicht vorstellbar. Da fällt es einem oft schwer, überhaupt den ersten Schritt Richtung Ziel zu machen. Die Motivation zu handeln geht dann fast gegen null. Wenn du dir nun ein kleines Teilziel von diesem großen Ziel ableitest und dir dieses als nächstes Ziel vornimmst, macht dies einiges leichter. Dieses neue Ziel, dieses Teilziel, ist greifbarer und du bist motivierter, den ersten Schritt dorthin zu unternehmen. Das hat wiederum die ersten Erfolgserlebnisse zur Folge. Beflügelt davon, wirst du die nächsten Schritte auf dem Weg zum Ziel unternehmen und dann dein Teilziel erreichen.

Nach dem ersten Teilziel nimmst du dir die nächsten Schritte Richtung zweites Teilziel vor und so weiter, bis du eines Tages, nach Tausenden von Schritten und vielen Meilensteinen später endlich am großen Ziel bist.

Vorbereitung und Planung – Die Basis für das Abenteuer

Die Vorbereitungen für ein Abenteuer oder eine Expedition sind unglaublich umfangreich und vielschichtig. Sie reichen von offiziellen Genehmigungen über die genaue Planung der Route, gehen über in die Finanzierung und die Akquise von Sponsoren bis hin zur Zusammenstellung der Ausrüstungsgegenstände. Die unzähligen Trainingsstunden – Lauftraining, Krafttraining und Koordinationstraining – sind dabei noch gar nicht inbegriffen.

Der Erfolg eines Abenteuers ist letztlich die Summe vieler einzelner Faktoren, wobei mit der Genauigkeit und Akribie der Planung auch die Chance der Zielerreichung deutlich zunimmt. Das beginnt mit der richtigen Verpflegung und endet mit wirkungsvollen Kleinigkeiten wie der Mitnahme von Salztabletten. Das fängt mit einer professionellen Gestaltung des Sponsoringkonzepts an und hört mit der fachmännischen Nachbereitung eines Projekts auf.

Laufabenteuer müssen kalkulierbar sein. Dazu gehört, dass ich die Risiken schon in der Vorbereitungsphase erkenne und diese so gering wie möglich halte. An manche Projekte gehe ich mit einer Vorlaufzeit von mehreren Jahren heran. Eine langfristige, systematische und professionelle Vorbereitung bildet die Grundlage zur erfolgreichen Durchführung eines Abenteuers.

Des Weiteren hängt der Erfolg ganz wesentlich von den persönlichen Eigenschaften eines Menschen ab. Soft Skills wie Selbstdisziplin, Fleiß, das Befolgen von festen Gewohnheiten oder das Verzichten auf gewisse Dinge sind elementare Bestandteile in der Vorbereitungsphase einer Laufexpedition. Darum soll in diesem Kapitel gehen.

15. Selbstdisziplin: Die Macht der kleinen Taten

»Es ist nicht genug, zu wollen, man muss auch tun.«
(JOHANN WOLFGANG VON GOETHE)

Soll ich wirklich noch? Große Lust verspüre ich nicht. Es ist 22:35 Uhr. Laut meiner Tagesliste habe ich alle geplanten Aktivitäten erledigt. Bis auf eine: meinen Satz Liegestütze. Beim Gedanken daran geht meine Motivation gegen null. Jeder Sandsack wäre motivierter gewesen. Ich bin hin- und hergerissen. Mache ich ihn oder nicht? Ich denke an mein warmes Bett, meinen wohlverdienten Schlaf … »Quäl dich, du Sau!«, kommt es mir dann in den Sinn. Ich überwinde mich schließlich und ziehe es durch.

Ich kann stundenlang durch die Natur laufen, Hunderte von Kilometern zu Fuß zurücklegen, aber Muskeltraining zu betreiben fällt mir unheimlich schwer. Krafttraining bedeutet für mich wirklich jedes Mal, meine Komfortzone zu verlassen. Deshalb habe ich es mir zum Ritual gemacht, jeden Tag einen Satz Liegestütze durchzuführen. Nur einen einzigen Satz mit maximaler Wiederholungszahl. Jeden Tag. Das beansprucht zwei bis drei Minuten meiner Zeit. Dabei geht es mir nicht nur um die Liegestütze, sondern vielmehr um das Prinzip dahinter. Jeden Tag einen winzig kleinen Schritt Richtung Ziel zu machen. Die Betonung liegt dabei auf »jeden Tag«. Was wir täglich mit minimalem Zeitaufwand tun, hat langfristig große Konsequenzen. Diese Regel, auch als Prinzip der Minimalkonstanz bekannt, wird völlig unterschätzt.

Wenn du beispielsweise nur jeden Tag zehn Minuten Sport treibst, dann merkst du das Resultat nicht direkt im Anschluss oder am nächsten Tag. Aber wie sieht es schon nach drei Monaten, nach einem Jahr oder nach drei Jahren aus? Du bist fit, vital und fühlst dich saugut, weil du jeden Tag die Disziplin aufgebracht hast und dich für zehn Minuten überwunden hast.

Dieses Prinzip gilt aber nicht nur im Sport, sondern lässt sich auch auf andere Lebensbereiche übertragen. Hab die Disziplin, eine Aktivität jeden Tag nur ein paar Minuten zu machen. Nicht länger. Doch mach das, was du dir vornimmst, jeden Tag! Auf diese Weise schreibst du ein Buch, bildest dich weiter, baust ein Haus, machst dich selbstständig oder lernst eine Fremdsprache.

Doch wie bringe ich die Selbstdisziplin auf, genau das zu tun? Wie motiviere ich mich, spätabends noch mein Fitnessprogramm durchzuziehen, obwohl ich keine Lust verspüre? Auf welche Weise schaffe ich es, eine Aktivität wieder und immer wieder auszuführen?

Der erste Schritt ist, sich das eigene Verhalten bewusst zu machen. Selbstdisziplin funktioniert nur mit Bewusstsein. 95 Prozent unserer Handlungen laufen unbewusst ab. Aus diesem Grund haben wir oft das Gefühl, zu wenig Selbstdisziplin zu haben. Der zweite Schritt ist das Formulieren eines klaren Ziels und die Beantwortung der Frage, warum ich diese Aktivität unbedingt machen will. Du brauchst also ein Ziel und ein

Motiv. Diesen beiden zentralen Aspekten habe ich gleich mehrere Kapitel in diesem Buch gewidmet.

Jeder Erfolg besteht aus Hunderten und Tausenden kleinen Mühen und Opfern.

Selbstdisziplin ist die Macht der kleinen Taten. Selbstdisziplin ist die Fähigkeit, das zu tun, was du dir vorgenommen hast. Unabhängig davon, ob du dafür gerade Lust verspürst oder nicht. Mit Selbstdisziplin kannst du beispielsweise auch 1.000 Kilometer durch das australische Outback zum Ayers Rock laufen. Ja, du hast richtig gehört. Du kannst, Gesundheit vorausgesetzt, 1.000 Kilometer durch Australien laufen. Vielleicht nicht unbedingt in 15 Tagen, wie ich das im Rahmen meines Projekts »Run to the Rock« gemacht habe. Aber es ist möglich. Jeder Mensch mit zwei gesunden Beinen kann das. Du brauchst nicht ein außergewöhnlich talentierter Läufer sein oder über besondere Fähigkeiten verfügen. Alles, was du benötigst, sind dein Wille und eine große Portion Selbstdisziplin. Die Zeit spielt dabei überhaupt keine Rolle. Es geht nur darum, dass du es schaffst.

Nehmen wir an: Du bist fit, ambitioniert und gehst jeden Tag acht Stunden lang fünf Kilometer pro Stunde. Damit legst du täglich 40 Kilometer zurück. Schon nach 25 Tagen bist du an deinem Ziel, am Ayers Rock. Das ist dir zu viel? Okay, dann geh langsamer. Du marschierst täglich nur vier Stunden und legst ebenfalls fünf Kilometer in der Stunde zurück. Pro Tag machst du somit 20 Kilometer und bist nach 50 Tagen am Ayers Rock. Immer noch zu viel? Verlangsamen wir das Tempo noch einmal. Du machst diese Tour absolut locker und gehst täglich nur vier Stunden in einer Geschwindigkeit von 2,5 Kilometer pro Stunde. Dann hast du am Tag zehn

Kilometer geschafft und bist nach 100 Tagen am Ayers Rock.

Was will ich dir mit diesem Beispiel verdeutlichen? Egal, wie schnell oder langsam deine Fortbewegung ist, solange du jeden Tag diszipliniert marschierst, wirst du an deinem Ziel ankommen.

Dieses Prinzip gilt für alle Ziele. Egal, ob du ein dickes Buch schreiben willst, Millionär werden möchtest, 20 Kilo abnehmen willst, eine Weltreise machen möchtest, ein Unternehmen aufbauen willst. Kein Mensch wird dich nach einer erfolgreichen Realisierung fragen, wie lange du dafür gebraucht hast. Es geht (wenn du nicht gerade Spitzensportler bist) um den Weg und das Erreichen des Ziels, nicht um Geschwindigkeit. Selbstdisziplin ist der unsichtbare Weg zum Erfolg.

Mein Impuls

Was wir täglich mit minimalem Zeitaufwand machen, hat langfristig große Konsequenzen. Unterschätze nicht die Wirkung von Aktivitäten mit kurzer Dauer. Lass dich nicht aus kurzfristiger Sicht von ausbleibenden Erfolgen abhalten, denk langfristig! Ein Bewusstsein für die zeitliche Perspektive hilft dir, am Ball zu bleiben und den inneren Schweinehund zu besiegen.

Selbstdisziplin ist nicht so sehr eine Frage der Willenskraft als vielmehr des Trainings. Wie bei einem Muskeltraining kannst du deine Selbstdisziplin mit regelmäßigem Training verbessern. Folgende Punkte sind dabei wichtig:

- Formuliere für dich passende und wichtige Ziele.
- Lenk deinen Fokus auf das, was du erreichen möchtest. Denk voraus und mal dir aus, was du langfristig davon hast, wenn du eine Aufgabe durchführst.
- Denk bei einer Aktivität, bei der dein innerer Schweinehund groß ist, immer nur an das Heute. Immer nur an den jeweiligen Augenblick. Denn einen Augenblick etwas zu tun, was uns nicht gefällt, können wir ertragen.
- Nutze Musik! Musik hat einen starken Einfluss auf unsere Stimmung und unseren Aktivierungsgrad. Wähle ein Lied oder mehrere Songs mit motivierender Wirkung aus. Brenn dir dafür eine »Motivations-CD« und hör sie besonders dann an, wenn du keine Motivation verspürst.
- Akzeptiere, dass es Aufgaben gibt, die keinen Spaß machen.

16. Rituale: Die unsichtbaren Fäden des Erfolgs

»Motivation lässt dich starten,
Gewohnheiten bringen dich ans Ziel.«
(NORMAN BÜCHER)

Stell dir vor: Es ist ein ungemütlicher Tag im November. Draußen hat es frische fünf Grad Celsius, dichter Nebel umgibt die mit bunten Blättern bedeckten grauen Gehwege, Regen peitscht gegen die Fensterscheibe deines Büros und ein stürmischer Wind pfeift. Es ist einfach ein trüber, kalter und regnerischer Herbsttag. Wie gut, dass du hier im beheizten und warmen Büro sitzt und von dem kalten Wetter draußen nichts mitbekommst. Du hast dir jedoch schon wochenlang fest vorgenommen: »Heute Abend nach Feierabend gehe ich dreißig Minuten joggen.« Diesen Vorsatz hegst du bereits lange und heute willst du endlich Taten folgen lassen. Doch dein Arbeitstag verläuft, wie gewohnt, stressig und du hetzt von einem Meeting in das nächste. Ein Telefonat jagt das andere. Zwischendurch kommt dir immer wieder der Gedanke an deinen abendlichen Vorsatz in den Sinn. Und je näher der Feierabend rückt, umso unwohler fühlst du dich in deiner Haut. »Eigentlich habe ich gar keine Lust, bei diesem Wetter joggen zu gehen. Und überhaupt: Nach solch einem anstrengenden Arbeitstag habe ich es mir verdient, einen gemütlichen Abend vor dem Fernseher zu verbringen«, denkst du dir. »Auf der anderen Seite würde mir ein wenig Bewegung an der frischen Luft ja auch ganz guttun.« Es ist bereits 18:30 Uhr und stockdunkel, als du schließlich nach Hause kommst. Du legst deine Sachen ab und lässt dich erst einmal auf deine bequeme Couch fallen. »Was für ein Tag«, sagst du dir. Dein Kopf fängt langsam wieder an zu arbeiten: Soll ich oder soll ich nicht? »Wenn ich jetzt rausgehe und laufe, dann würde ich mir und meinem Körper wirklich etwas Gutes tun«, sagt die eine Stimme in deinem Kopf. »Da draußen ist es ja so ungemütlich, trüb und kalt. Hier in der warmen, komfortablen Wohnung ist es doch viel angenehmer«, hält eine weitere innere Stimme dagegen. Die erste Stimme in dir meint wiederum: »Denk an deine Figur. Joggen macht dich schlank. Los geht's!« Doch die zweite Stimme antwortet prompt: »Geh doch lieber mit deinem Kumpel Walter ein Bier trinken. Das ist viel gemütlicher.« Nach einigem Hin und Her kommst du schließlich zu der Entscheidung: »Heute genehmige ich mir noch einmal eine Ausnahme und lasse das Joggen sein. Nur dieses eine Mal, das kann ja nicht so schlimm sein. Einmal ist bekanntlich keinmal. Nächste Woche fange ich definitiv an. Da ist dann bestimmt auch nicht so ein Sauwetter.«

Kommt dir diese Situation bekannt vor, oder kennst du eine ähnliche? Jetzt frage ich dich: Und wenn es die nächste Woche abends wieder regnet und stürmt? Machst du in diesem Fall eine weitere Ausnahme? Und wenn die Woche darauf genau zu der Zeit, zu der du eigentlich joggen wolltest, plötzlich die deutsche Fußballnationalmannschaft spielt? Ausnahme? Aus dem einmaligen Ausfallen kann ganz schnell ein zweites, drittes und so weiter werden. Ehe du dich versiehst, lässt du das Vorhaben Joggen ganz sein und kehrst in die bequeme Komfortzone zurück.

Was können wir tun, damit genau dies nicht passiert? Meine Empfehlung: Genehmige dir kcincrlei Ausnahmen. Das klingt zunächst hart, ist jedoch sehr wirksam. Wenn du morgen Abend keine Lust hast, dein geplantes Trainingspensum zu absolvieren, dann fang wenigstens an und lauf ganz kurz. Wenn es sein muss, nur ein einziges Mal um den Häuserblock. So tun als ob. Zum einen wird dadurch dein Gewissen beruhigt, nach dem Motto »Ich habe ja etwas getan«. Doch vor allem wird, auch durch diesen zugegebenermaßen unterschwelligen Reiz, die Gewohnheit aufrechterhalten.

Damit sind wir bei einem wesentlichen Erfolgsfaktor: Rituale. Du kannst dir ein Ritual wie einen unsichtbaren Faden vorstellen. Mit jedem Training, mit jeder Überwindung des inneren Schweinehundes stärkst du den Strang und fügst ihm ein weiteres Fädchen hinzu. Das Ganze wird mit der Zeit immer robuster und das Ritual damit gefestigt. Die Zauberworte zum Verlassen der Komfortzone heißen: Gewohnheiten bilden und Rituale schaffen.

Was du drei Wochen lang jeden Tag ohne Unterbrechung machst, wird eine neue Gewohnheit. Das bedeutet: Du musst eine neue Tätigkeit jeden Tag ohne Pause drei Wochen lang durchziehen. Bis sie in deinem Kopf als Gewohnheit abgespeichert ist. So lange braucht dein Unterbewusstsein, um sie als neue Gewohnheit zu akzeptieren.

Einige Wissenschaftler haben die Dauer für das Aneignen einer neuen Gewohnheit mit 21 Tagen beziffert. Doch diese Zahl hängt stark davon ab, um welche

Verhaltensänderung es dabei geht. Sich vor dem Essen die Hände zu waschen oder den Teller nach dem Essen in die Spüle zu stellen – an solche einfachen Tätigkeiten gewöhnen wir uns schnell. Andere Aktivitäten, wie regelmäßig Sport zu treiben, sind da schon aufwendiger. Das Erfolgsrezept: Das gewünschte Verhalten muss mit einem deutlichen Auslösereiz gekoppelt und dann durch Belohnung verstärkt werden. Was bedeutet das?

Frühsportler können sich beispielsweise die Laufschuhe direkt neben das Bett stellen und sie gleich nach dem Aufstehen anziehen (Auslösereiz). Dies muss am Anfang ganz bewusst gemacht werden. Das Ziel ist es, dass unser Gehirn das Aufstehen und Sehen der Laufschuhe mit dem Joggen verknüpft und wir daraufhin automatisch handeln. Das klappt allerdings nur, wenn es gelingt, ein Verlangen zu erzeugen, und dafür braucht es eine gute Belohnung. Der schwammige Vorsatz, irgendwann schlanker zu werden, reicht nicht. Der Lohn muss konkret und direkt sein, wie zum Beispiel ein schönes Frühstück oder ein heißes Bad.

Wenn du beispielsweise täglich drei Wochen lang um sechs Uhr in der Früh laufen gehst, dann kannst du in der vierten Woche auch mal einen Tag Pause machen. Das ist dann okay. Aber in den ersten drei Wochen gilt: keine Ausnahmen.

Natürlich wird ein Tag kommen, an dem du innerlich zu dir sagst: »Oh, heute Morgen habe ich überhaupt keine Lust zu laufen. Es regnet, es schneit, es ist dunkel, ich bin hundemüde und habe zudem starke Kopfschmerzen.« Genau in solch einem Moment denk bitte an den unsichtbaren Faden und die 21 Tage. Wenn du dir heute eine Ausnahme genehmigst, fangen morgen die 21 Tage wieder von vorne an. Dann entscheide dich doch lieber für das kleinere Übel, oder? Vor allem Belohnungen helfen zu Beginn einer neuen Aktivität, am Ball zu bleiben. Führ eine Liste, auf der du jedes Mal einen Haken setzt, wenn du Sport gemacht hast. Nach zehn Haken gibt es eine Belohnung, etwa eine Massage oder eine Süßigkeit. Oder gib dir Druck von außen, indem du dich mit anderen zum Sport verabredest. Wenn du weißt, dass morgen zwei Freunde zum Joggen auf dich warten, fällt es schwerer, die Laufrunde ausfallen zu lassen. Auch ein sogenannter Wenn-dann-Plan hilft. Wie verhalte ich mich, wenn ich morgen früh wirklich krank bin? Was mache ich, wenn es morgen früh regnet? Wenn es morgen früh regnet, dann mache ich 30 Minuten Fitnessübungen in der Wohnung.

Dein Leben veränderst du, indem du neue Gewohnheiten entwickelst. Die Qualität deines Lebens hängt von der Qualität deiner Gewohnheiten ab. Trinkst du jeden Morgen ein großes Glas Wasser oder startest du mit Cola in den Tag? Eine Frage deiner Gewohnheiten. Isst du täglich eine Tafel Schokolade oder bevorzugst du eine Schüssel voller Obst? Eine Frage deiner Gewohnheiten. Schaust du lieber den Tatort im Fernsehen an oder liest du ein gutes Fachbuch? Eine Frage deiner Gewohnheiten. Verbringst du lieber Zeit in Facebook oder machst du stattdessen ein kurzes Krafttraining? Eine Frage deiner Gewohnheiten. Stehst du morgens um 5:30 Uhr auf oder beginnst du den Tag erst um 9:00 Uhr? Eine Frage deiner Gewohnheiten.

Der positive Effekt eines Rituals: Hat du es erst einmal entwickelt, wird es zur Selbstverständlichkeit und du musst nicht mehr daran denken. Du musst dich nicht mehr für oder gegen eine bestimmte Sache entscheiden und dich dazu überwinden. Dein Gehirn hat dir die Entscheidung bereits abgenommen und dieser zugestimmt. Du denkst also nicht mehr darüber nach, sondern machst es automatisch.

Mein Impuls

Die Qualität deines Lebens hängt von der Qualität deiner Gewohnheiten ab. Dein Leben veränderst du, indem du neue Gewohnheiten entwickelst. Mach dir deine Gewohnheiten und täglichen Handlungsmuster bewusst. Bringen dich diese voran? Unterstützen sie dich beim Erreichen deines Ziels? Oder sind sie eher kontraproduktiv? Musst du dir dazu eine neue Gewohnheit aneignen?

Tipps um neue Gewohnheiten zu schaffen und den inneren Schweinehund zu besiegen:

- Akzeptiere deinen Schweinehund!
- Kopple das neue Verhalten mit einem Auslösereiz (z.B. Laufschuhe direkt am Bett)!
- Mach wenige Sachen gleichzeitig!
- Nutze das Sandwich-Prinzip: Packe eine neue Gewohnheit zwischen zwei alte!
- Fang leicht an und steigere dich langsam! Erhöhe die Dauer einer Aktivität von Mal zu Mal nur ganz minimal.
- Vermeide zu Beginn Ausnahmen (während der ersten 21 Tage)!
- Belohne dich für Erreichtes!

17. Entschleunigen: Nicht das Ziel tötet, sondern das Tempo

>*»Es ist nicht von Bedeutung, wie langsam du gehst, solange du nicht stehen bleibst.«*
>(KONFUZIUS)

1.120 Kilometer durch das australische Outback, 265 Kilometer nonstop durch das Königreich Bhutan oder 600 Kilometer durch Feuerland. Wie schafft es der Bücher, überhaupt so weit und so lange zu laufen? Ist das ohne Doping machbar? Meine Antwort dazu: ein ganz klares Ja! Denn ich nehme keinerlei verbotene Substanzen zu mir. Das habe ich noch nie gemacht und das werde ich auch niemals tun. Denn ich wende eine ganz andere Art von leistungsfördernden Maßnahmen an: nämlich das langsame Laufen. Ja, du hast richtig gehört. Ich laufe meistens in einem sehr verhaltenen Tempo. Das bedeutet: den Kilometer in sechs bis sieben Minuten. Und das wiederum ermöglicht mir, so lange Distanzen zu laufen. Meine Devise lautet: Nicht die Strecke tötet, sondern das Tempo. Die Dosis ist bekanntlich das Gift. Nicht die Dimension eines Ziels stellt häufig das Problem dar, sondern die Geschwindigkeit, mit der wir uns darauf zubewegen. Je eiliger du Richtung Ziel unterwegs bist, desto mehr entfernst du dich in Wirklichkeit von ihm und von dir selbst. Wir müssen wieder lernen, mehr auf den Kompass zu schauen als immer nur auf die Uhr.

Der Weg, die eingeschlagene Richtung ist bedeutsamer als die Geschwindigkeit.

Doch die heutige Tempogesellschaft schätzt Geschwindigkeit. Menschen, die unaufhörlich in Bewegung sind, erwecken den Eindruck, beschäftigt und damit wichtig zu sein. Äußere Zwänge, hektische Betriebsamkeit und übertriebenes Leistungsdenken lassen keine Zeit für eine langsamere Gangart. Die meisten Menschen sehnen sich nach mehr Muße, und dennoch ist ihre Zeit vollgestopft mit Terminen und Verpflichtungen. Kann ein etwas langsameres und entspannteres Tempo häufig nicht zielführender sein? Müssen es immer und überall die 100 Prozent sein?

Ein für mich bis heute sehr einprägsames Erlebnis in Bezug auf das Lebenstempo und die Lebenseinstellung hatte ich während meiner Reise durch das Königreich Bhutan im Himalaya. Dort lernte ich Tshering Dorji kennen, mit dem mich bis heute eine enge Freundschaft verbindet. Tshering ist Ende dreißig, ein sportlicher, warmherziger und lebensfroher Mensch. Er lebt mit seiner Frau und seinen zwei Kindern etwas außerhalb der Hauptstadt Paro in einem wunderschönen Tal. Tshering ist Gründer und Inhaber von Bhutan Scenic Tours, einem Reiseunternehmen, das sich insbesondere auf die Durchführung von Outdoor-Aktivitäten in Bhutan spezialisiert hat. Er und sein Team begleiteten mich bei meiner Expedition »Abenteuer Donnerdrache«, einem 265-Kilometer-Nonstoplauf quer durch Bhutan. Wir verstanden uns sofort, seine ruhige und besonnene Art war mir auf Anhieb sympathisch. Wir redeten über Gott und die Welt. Er erzählte mir stolz von seinen beiden Kindern, seinem Land und seinen sportlichen Aktivitäten. Er lud mich zu sich nach Hause ein, ich durfte seine reizende Familie kennenlernen. Als wir bei einer Tasse Tee zusammensaßen, kamen wir auch auf sein Unternehmen zu sprechen. Tshering berichtete mir mit seiner ruhigen Stimme: »Geschäftlich läuft es richtig gut. Das Land öffnet sich immer mehr dem Tourismus und wir können uns vor Anfragen nicht mehr retten. Ehrlich gesagt, sind es viel zu viele für mich und mein Team.« »Das ist doch eine wunderbare Situation«, gab ich zurück. »Dann kannst du ja expandieren, deinen Geschäftsbetrieb ausbauen, wachsen und mehr Geld verdienen«, schlug ich ihm vor. Daraufhin sagte er etwas nachdenklich einen Satz, der mir bis heute in Erinnerung geblieben ist: »Wir wollen gar nicht weiter wachsen und uns vergrößern. Mein Team und ich sind mit dem aktuellen Zustand sehr zufrieden. Wir genießen es, Zeit mit unseren Familien zu verbringen, in den Bergen spazieren zu gehen, viel Sport zu treiben, uns an der Natur zu erfreuen und das Leben zu genießen.« Diese Worte habe ich heute noch im Ohr. Daran denke ich oft zurück. Was ich von Tshering und den Menschen in Bhutan erfahren durfte, waren die Zufriedenheit, Besonnenheit und Gelassenheit, die sie mit jeder Faser ihres Körpers ausstrahlten und die ich von ihren Gesichtern ablesen konnte. Von hektischer Betriebsamkeit und permanentem Beschäftigtsein, wie wir es in der westlichen Welt kennen, überhaupt keine Spur.

Können wir uns in der westlichen Welt nicht eine Scheibe davon abschneiden? Was passiert denn, wenn wir langsamer durch unseren Alltag gehen oder die Intensität einer Aktivität reduzieren? Wir sind entspannter und gelassener, richtig? Wenn du weit unter deinem

Leistungsniveau joggen gehst, wirst du kaum mit hochrotem Kopf und schmerzverzerrtem Gesicht durch die Gegend laufen. Wenn du mit 240 Kilometer pro Stunde über die Autobahn heizt, dann sind dabei wohl nur die wenigsten von uns entspannt und können die Umgebung bewusst wahrnehmen. Wir können uns entspannen, wenn wir unsere Geschwindigkeit im Alltag etwas reduzieren. Hast du schon einmal eine Meditations- oder Entspannungs-CD gehört? Wie wird dort gesprochen? Richtig, langsam. Manchmal ein etwas langsameres Grundtempo einzulegen bedeutet nämlich nicht automatisch auch eine verringerte Produktivität oder ein schlechteres Arbeitsergebnis. Das Gegenteil ist häufig der Fall. Denn du agierst ja schließlich aus einem entspannteren Zustand heraus. Und in welchem Zustand wir uns befinden, entscheidet ganz wesentlich darüber, wie wir uns fühlen und wie wir handeln. Sind wir gestresst und schlecht gelaunt, können wir wohl kaum Höchstleistungen vollbringen. Aus einem entspannten, gelassenen Zustand heraus können wir dagegen wahrhafte Wunder bewirken. Und das hat wiederum mit der Geschwindigkeit zu tun, mit der wir uns bewegen. Man kann mithilfe eines so genannten Elektroenzephalogramms den Rhythmus der Hirnströme und damit den gegenwärtigen Zustand eines Menschen messen. Der Zustand, in dem wir geistig wach, aber völlig entspannt sind, wird als sogenannter Alpha-Zustand bezeichnet. Ihn gilt es anzustreben. Denn im Alpha-Zustand sind wir in der Lage, Probleme zu lösen, Ideen zu entwickeln, produktiv zu arbeiten und unsere Potenziale effektiv zu nutzen. Nur wenn wir entspannt sind, sind wir auch imstande, Höchstleistungen zu vollbringen und an unsere Grenzen zu gehen.

Mein Impuls

Nicht die Strecke tötet, sondern das Tempo. Nicht die Dimension eines Ziels stellt häufig das Problem dar, sondern die Geschwindigkeit, mit der wir uns darauf zubewegen. Schalte mit zielgerichtetem Nichtstun ab und an in eine gelassene Gangart um. Das Schlüsselwort lautet dabei Muße, was zielgerichtetes Nichtstun bedeutet. Muße hat nichts mit Faulheit, Trägheit, Passivität oder Arbeitsverweigerung zu tun. Im Gegenteil: Mußestunden erhalten die Gesundheit und fördern die Kreativität.

Hast du Mut zur Muße?

Du selbst entscheidest, in welchem Tempo du leben möchtest. Frage dich:

- Wie hoch ist dein Lebenstempo? Wie schnell bewegst du dich durchs Leben?
- Kennst du dein persönliches Wohlfühltempo?
- Kannst du auch einmal nichts zu tun?
- Wie viel Zeit verbringst du mit Mußestunden?
- Kannst du auf dem Sofa liegen und eine Stunde nichts tun, träumen und den Wolken zuschauen?
- Kannst du in den Tag hinein leben?
- Schaffst du es, einfach nur die Zeit zu vertrödeln – einen ganzen Tag lang?

18. Selbstkontrolle: Die Magie des Verzichts

»Die Erfahrung ist wie eine Laterne im Rücken; sie beleuchtet stets nur das Stück Weg, das wir bereits hinter uns haben.«
(KONFUZIUS)

Im Jahr 2008 entschied ich mich, meinen sicheren und gutbezahlten Job als Unternehmensberater an den Nagel zu hängen und künftig mein Geld als Extremsportler und Vortragsredner zu verdienen. Das Ganze war natürlich mit einem großen Brocken Risiko behaftet, überhaupt keine Frage. Als Unternehmensberater hatte ich jeden Monat mein sicheres und gutes Einkommen. Dieses war von einem Monat auf den anderen nun weg. Ich musste mich zu Beginn meiner Selbstständigkeit mehr als einmal fragen, wie ich den kommenden Monat finanziell überstehen und wie es überhaupt weitergehen konnte. In den Anfangsjahren musste ich auf jeden Euro achten und war über jeden einzelnen Vortrag glücklich, den ich halten durfte. Meine Lauf-Expeditionen waren, speziell zu Beginn meines Unternehmertums, zum Erfolg verdammt. Ein Scheitern konnte ich mir fast nicht leisten. Ich musste meine sportlichen Projekte zunächst komplett aus eigener Tasche vorfinanzieren. Finanzsponsoren, die bekannte Extrembergsteiger unterstützen, hatte ich nicht. Deshalb musste ich zunächst in Vorleistung gehen und hoffen, dass die sportlichen Projekte am Ende das

Geld in Form von Vorträgen und Büchern wieder hereinholten. Das brachte mir mehr als nur eine schlaflose Nacht. Doch nur weil ich ein Risiko einging und kurzfristig Verzicht übte, kam ich langfristig auf den für mich richtigen Weg.

Nur weil ich meine Komfortzone verlassen und auf kurze Sicht Opfer gebracht habe, führe ich heute ein selbstbestimmtes und erfülltes Leben. Mein Wille und meine Selbstkontrolle haben mich dorthin gebracht, wo ich heute stehe. Es gab tausend Dinge, die dagegensprachen, mich dem »Beruf Extremsportler« zu widmen. Unzählige Gründe hätten den Aufbau eines eigenen Unternehmens verhindern können: Absagen, Zurückweisungen, Liquiditätsprobleme und andere Risiken. Aber meine langfristige Perspektive sah ich persönlich eben positiv. Und genau diese Perspektive, aus meiner großen Leidenschaft einen Beruf zu machen, ließ mich immer wieder meine persönliche Komfortzone verlassen und auch schwierige, unangenehme Aufgaben in Angriff nehmen. Wenn es kritisch wurde, dachte ich fünf bis sechs Jahre voraus und stellte mir vor, wie ich als Unternehmer erfolgreich bin.

Einige Menschen sind bereit, den Preis für ihren Erfolg zu bezahlen. Und zwar lange bevor er in Sichtweite kommt. Sie denken langfristig. Die meisten Menschen aber besitzen einen kurzen Zeithorizont. Sie streben nach unmittelbarer Belohnung und legen oft Verhaltensweisen an den Tag, die langfristig negative Folgen haben. Diese Menschen verweilen lieber in ihrer Komfortzone. Warum ist das so? Weil der Mensch über ein zweipoliges Antriebssystem, eine Art inneres Betriebssystem, verfügt: Freude und Schmerz. Grundsätzlich versucht unser Gehirn stets, Schmerzen zu vermeiden und Freude zu erfahren. Dabei ist das Bedürfnis, Schmerzen zu vermeiden, der stärkere von beiden Faktoren. Wenn wir uns nun beispielsweise vornehmen, mit Sport anzufangen, müssen wir zunächst die Hürde »kurzfristiger Schmerz« bei den ersten Trainingsstunden überwinden, um mittel- bis langfristig das Ziel »Freude« beim Sport erlangen zu können. Und das erfordert die Überwindung des berühmten inneren Schweinehundes. Zumindest zu Beginn. Deshalb ziehen viele Menschen lieber die kurzfristige Freude (Schokolade) der langfristigen (schlanke Figur durch Sport) vor und bleiben in ihrer Komfortzone.

Erfolgreiche Menschen sind bereit, in den sauren Apfel zu beißen. Sie tun dies, weil ihnen ihre Ergebnisse und langfristige Perspektive wichtig sind. Weniger erfolgreiche Menschen sind bestrebt, möglichst angenehme Methoden zu finden, um durch das Leben zu gehen. Sie suchen Entspannung, liegen in der Sonne, lenken sich ab, verlieren sich in alltäglichen Banalitäten, während erfolgreiche Menschen bestrebt sind, an sich und ihren Zielen zu arbeiten.

Mein Impuls

Kurzfristige Opfer sind der Preis, den du für langfristige Sicherheit bezahlen musst. Verzögerte Belohnung ist der Schlüssel zum Erfolg. Denk immer an die langfristigen Folgen deines Tuns! Das erfordert Disziplin und Selbstkontrolle. Und diese Fähigkeiten sind jedem Menschen möglich.

Wenn es dir gelingt, dich selbst zu kontrollieren und nicht jedem Verlangen sofort nachzugehen, musst du zwar kurzfristig Verzicht üben, hast jedoch auf lange Sicht viele Vorteile. Das Maß, in dem es dir gelingt, den Preis des Erfolgs im Voraus zu bezahlen und auf Belohnungen zu verzichten, bis du dein Ziel erreicht hast, entscheidet über den wahren (langfristigen) Erfolg.

Auf was verzichtest du, um deinen großen Zielen ein Stück näherzukommen?

.

19. Erfolgsbewusstsein: Motivation durch Dokumentation

> *»Wenn du die Absicht hast, dich zu*
> *erneuern, tu es jeden Tag.«*
> (KONFUZIUS)

»Dienstag, 20. Mai 2014. Langer Dauerlauf in hügeligem Terrain. Lief locker und leicht. Am Ende müde Beine. Durchschnittspuls: 125. Nettozeit: 3 Stunden 52 Minuten. Distanz: 38 Kilometer.«

Mit einer heißen Tasse Tee sitze ich am Schreibtisch in meinem Büro und schreibe die Inhalte und den Verlauf der heutigen Trainingseinheit in mein Buch. Mein Lauftagebuch. Dabei lasse ich immer wieder den heutigen Tag Revue passieren und schreibe mir die wesentlichen Dinge auf, die ich bei der heutigen Laufrunde erlebt habe. Es ist ein großer Unterschied, ob ich die 38 Kilometer »nur« gelaufen bin, diese Distanz in meinem Kopf habe oder ob ich diese Zahl schwarz auf weiß auf Papier bringe.

Diese einfache Tat verändert drei Dinge in dir:

1. deine Wahrnehmung
2. dein Bewusstsein
3. deinen Fokus

Wir alle haben doch in unserem Leben Erfolge und positive Momente. Das Problem dabei ist, dass wir diese häufig nicht wahrnehmen. Wir nehmen sie oft als selbstverständlich hin. Wenn wir uns unsere Erfolge aber nicht von Zeit zu Zeit bewusst machen, dann stärken sie auch nicht unser Selbstvertrauen. Deshalb wird es Zeit, deine täglichen Erfolge – kleine wie große – aufzuschreiben. Ich empfehle dir, ein persönliches Erfolgstagebuch zu führen. Beim Erfolgstagebuch geht es darum, sich auf das zu fokussieren, was am Tag gut funktioniert hat. Auf diese Weise programmierst du dein Gehirn auf die positiven Erlebnisse. Anstatt darüber zu grübeln, was dir nicht so gelungen ist.

Das Prinzip der Schriftlichkeit gilt nicht nur im Zusammenhang mit Zielen, sondern auch wenn es um das Festhalten der Erfolge geht. Ziele motivieren uns, sind aber zukunftsorientiert. Wenn wir über unsere Erfolge (auch und gerade die kleinen) nachdenken, sind wir mit unserem Fokus in der Vergangenheit. Wir sinnieren also über bereits Geschehenes und Erreichtes. Das motiviert, wenn wir dies bewusst und regelmäßig betreiben.

Was ist die Konsequenz? Du beginnst, aufmerksamer durch die Welt zu gehen, indem du anfängst, dir deiner Erfolge bewusst zu werden. Du richtest deinen Blick auf all das Positive, das dir während des Tages widerfahren ist. Somit denkst du nicht andauernd an all die Dinge, die nicht funktioniert haben. Mit der Zeit wird dein Denken zunehmend positiver. Du lernst dein Leben und dich selbst besser zu akzeptieren und auch zu schätzen. Dem Gesetz der Anziehung folgend wirst du immer mehr Positives in dein Leben ziehen, wenn du selbst positiv eingestellt bist. Was du ausstrahlst, ziehst du zum Teil selbst wieder an. Außerdem sind wir alle bestrebt, Erfolg zu haben. Wenn du ein Erfolgstagebuch führst, dann wirst du wahrscheinlich darauf aus sein, dass du jeden Tag genug Dinge aufschreiben kannst. Du sorgst deshalb selbst – bewusst oder unbewusst – dafür, dass du jeden Tag Erfolge feierst. Ein Erfolgstagebuch spornt also auch zu eigener Leistung an. Der Mensch ist schließlich stets bestrebt, sich zu rechtfertigen – und wenn es nur vor sich selbst ist.

Das Konzept von einem Erfolgstagebuch ist nicht neu. Es ist keine Erfindung von mir. Mit dem Erfolgstagebuch gebe ich dir ein zigfach bewährtes Instrument in die Hand, das funktioniert. Und ich sage dir auch, warum es funktioniert: Worauf du deinen Fokus lenkst, das bekommst du im Leben.

Mein Impuls

Führe ein Erfolgstagebuch! Schreib am Ende eines Tages drei Dinge auf, die dir heute gelungen sind! Nur drei Dinge. Nicht mehr. Das kostet dich drei bis fünf Minuten deiner Zeit. Mach dies am Abend, bevor du ins Bett gehst. Schaff daraus ein tägliches Ritual. Wenn dir das noch zu kompliziert und zu aufwändig erscheint und du dir nicht vorstellen kannst, was du jeden einzelnen Tag aufschreiben sollst, dann tu es zumindest am Wochenende für die vergangene Woche.

Folgende Fragen können beim Schreiben deines Erfolgstagebuchs hilfreich sein:
- Was ist mir heute besonders gut gelungen?
- Wie habe ich heute anderen Menschen geholfen?
- Was habe ich heute gut gemacht?

- Auf was bin ich heute stolz?
- Was waren meine größten Erfolge und Leistungen?
- Mit wem habe ich ein gutes Gespräch geführt?
- Welches Projekt habe ich weitergeführt?

20. Reduzieren: Weniger ist mehr

>*Nicht arm ist der, der wenig hat, sondern
der, der nach mehr verlangt.«*
(Lucius Annaeus Seneca)

Eine Herausforderung beim Kalahari Extreme Marathon, einem Wüstenlauf über 250 Kilometer, ist sicherlich die Tatsache, dass du deine gesamte Ausrüstung, inklusive Essen, Schlafsack, Klamotten, selbst tragen darfst. Zwölf Komma fünf Kilogramm wiegt mein Rucksack – samt Wasservorräten. Alles, was in dieser Woche von Bedeutung ist, zieht an meinen Schultern: Nüsse, Magnesiumpulver, Schlafsack, Isomatte, Wechselkleidung, Stirnlampe und eine Auswahl an Fertignahrung. »Reduce to the max«, lautet dabei die Devise. So wenig wie nur irgendwie möglich mitnehmen, aber nichts Wichtiges vergessen. Das Gewicht ist dabei von entscheidender Bedeutung. Jedes Gramm zählt. Die Zahnbürste ist unter dem Kopf abgesägt und das Essen teilweise von der normalen Verpackung in leichtere Tüten umgefüllt. An den Rucksack werde ich mich in den nächsten Tagen immer mehr gewöhnen. Er wird mein bester Freund sein.

Was ich bei diesem Lauf lerne, ist, wie wenig du zu einem zufriedenen Leben benötigst. Einfach nur da zu sein, in der Wüste zu sitzen, die Umgebung bewusst wahrzunehmen und jedes Detail in sich aufzusaugen: die unendliche Weite der Landschaft, die wechselnden Farbnuancen am Himmel oder den eindrucksvollen

Sternenhimmel. Es stellt für mich ein Stück Freiheit dar, in einer der reizvollsten Landschaften der Erde sein zu dürfen. Kein Geld der Welt kann solche Erfahrungen ersetzen. Die Nudeln mit Thunfisch aus der Tüte schmecken wie ein Fünf-Gänge-Menü in einem Nobelrestaurant. Ich brauche keine luxuriösen Hotels, kein großes Bett, keine teuren materiellen Güter. Genau diese Einfachheit und Reduktion auf das Wesentliche empfinde ich als absolutes Privileg. Wir brauchen im Leben nicht viel, um glücklich zu sein. Das wird mir bei solchen Abenteuern wie in der Kalahariwüste aufs Neue bewusst. In den sieben Tagen in der Wüste verändern sich deine Prioritäten komplett. Alltägliches und Selbstverständliches gewinnen wieder an Bedeutung. Wasser zu bekommen, etwas Warmes zum Essen, gute und geistreiche Gespräche, die Schönheit der Natur zu erleben. Bei solchen Abenteuern sinniere ich viel über das Leben. Was ist wirklich wichtig im Leben? Was brauchen wir wirklich? Auf was können wir verzichten?

Weniger ist mehr. Dies gilt auch im Zusammenhang mit meinem Laufpensum. Früher habe ich sehr viel Zeit in mein Training investiert. Nur wenn ich weite Strecken von 150 und mehr Kilometern pro Woche gelaufen bin, meinte ich, sehr gut vorbereitet in einen Wettkampf zu gehen. Täglich trainierte ich für einen großen Lauf. In dieser Zeit war ich häufig erkältet, weil mein Immunsystem aufgrund der hohen Belastungen geschwächt war. Als ich im Jahr 2009 zum dritten Mal den Ultra-Trail du Mont-Blanc lief, absolvierte ich in der Vorbereitung bewusst ein deutlich geringeres Trainingspensum als in den Vorjahren. Ich wollte einfach für mich herausfinden, ob und wie ich auch mit weniger Training diesen Lauf schaffen würde. Anstatt 150 Kilometer in der Woche lief ich 80 bis maximal 100 Kilometer. Anstatt der »Doppeldecker«-Variante, also je einen Marathon am Samstag und Sonntag, begnügte ich mich mit nur einem oder lief auch nur 25 Kilometer. Was glaubst du, wie der Lauf für mich ausging? Ich lief dieses Rennen mit neuer persönlicher Bestzeit, obwohl ich merklich weniger trainiert hatte als in den Vorjahren.

Heute bereite ich mich weiterhin sehr zielstrebig auf einen langen Lauf vor, vor allem im mentalen Bereich. Ich laufe jedoch weniger und habe mehr Spaß beim Laufen als in früheren Jahren. Ich absolviere heute außerdem deutlich weniger Wettkämpfe als noch vor ein paar Jahren.

Weniger ist häufig mehr. Diese Erkenntnis können wir auch in andere Lebensbereiche übertragen. Beispielsweise in den beruflichen Kontext. Müssen wir immer mehr, länger und besser arbeiten? Mehr Geld verdienen? Oder ist es ausreichend und sogar effektiver, lieber nur dreißig Stunden in der Woche zu arbeiten, diese dafür aber produktiver, anstatt der vierzig? Können wir mit weniger Gehalt auskommen und vielleicht die dadurch gewonnene Freizeit anderweitig nutzen?

Gerade in der heutigen Zeit gibt es neue Arbeits- und Geschäftsmodelle, die dies ermöglichen.

Wie sieht es im materiellen Bereich aus? Brauchen wir wirklich das neueste Smartphone, einen Zweitwagen, einen Flachbildfernseher oder ein noch größeres Haus? Oder sind wir nicht zufriedener, wenn wir von allem weniger haben? Heute gibt es von allem mehr, als wir jemals benutzen können. Schau dir die Regale in den

Supermärkten und Kaufhäusern an. Nimm einmal bewusst wahr, wie viele unterschiedliche Produkte und verschiedene Produktvarianten es gibt. Wenn es keinen Bedarf für ein Produkt gibt, kreieren die Unternehmen einen künstlichen.

Wie sieht es im sozialen Bereich aus? Benötigen wir tatsächlich zwanzig »dicke Freunde«, mit denen wir alle Jahre einmal etwas zusammen unternehmen? Oder ist es nicht besser, lieber nur fünf »wahre« Freunde an unserer Seite zu wissen, mit denen wir auch einen Großteil unserer Zeit verbringen? Müssen wir gleich in vier Vereinen zur selben Zeit Mitglied sein? Oder ist es nicht erfüllender, wenn wir nur in einem oder maximal zwei Vereinen sind und uns in diesen richtig engagieren?

Müssen wir unbedingt ans andere Ende der Welt reisen, um uns zu entspannen? Oder stellt auch ein Urlaub in heimischen Gefilden eine gute Alternative dar? Müssen immer fünfzig verschiedene Gerichte auf der Speisekarte sein? Oder tun wir uns bei der Auswahl nicht leichter, wenn deutlich weniger auf der Karte stehen?

Wie sieht es bei der Nutzung von Rohstoffen und Ressourcen aus? Wie bei den Energiefragen? Wie schaut es beim Konsum von Informationen aus? Wie viele unterschiedliche Fernsehsender benötigen wir wirklich? Ist hier auch weniger besser?

Das »Immer mehr« und »Höher, schneller, weiter« zerstört unsere persönlichen Ressourcen und die unseres Planeten. Der Fähigkeit, dem Überfluss den Rücken zu kehren und umzudenken, kommt immer größere Bedeutung zu. Wir müssen uns dem Konsumzwang entziehen, indem wir Selbstbeschränkung üben und uns klare Grenzen in Bezug auf das Genug setzen.

Mein Impuls

Weniger ist häufig mehr. Gerade in der heutigen Überfluss- und Konsumgesellschaft muss ein Umdenken einsetzen. Werte wie Familie, Natur, Beziehungen, Spiritualität und Lebenssinn treten zugunsten von Äußerlichkeiten und materiellen Gütern zunehmend in den Hintergrund. Muss es immer höher, schneller, besser, weiter und mehr sein? Wo liegt die persönliche Grenze? Wann ist es genug?

Fang bei dir selbst an und frag dich kritisch:
- Was brauche ich *wirklich* zum Leben?
- Was ist *wirklich* wichtig für mich?
- Wie kann ich auch mit weniger Dingen auskommen?
- Wo ist der Punkt, an dem ich genug habe?
- Wie viel ist mir genug?

21. Gedankenkraft: Wie unser Denken unser Leben steuert

*»Das Leben eines Menschen ist das, was
seine Gedanken daraus machen.«*
(MARC AUREL)

Meine felsenfeste Überzeugung lautet: Viele Menschen könnten von ihrem Potenzial her extreme Läufe bestreiten. 100 Kilometer und mehr am Stück zu laufen ist grundsätzlich für viele Menschen möglich. Wenn ich in meinen Vorträgen von meinen Abenteuern berichte, geraten viele Menschen ins Schwärmen und wollen auch ihren Träumen nachgehen. Doch dann tritt bei ihnen der Gedanke auf: Das schaffe ich doch gar nicht. Das kann ich doch gar nicht. Was ist das Resultat? Sie schaffen es nicht beziehungsweise gehen das Abenteuer erst gar nicht an. Wenn wir denken, dass wir etwas nicht schaffen, dann schaffen wir es auch nicht. Nicht, weil wir es nicht schaffen, sondern weil wir denken, dass wir es nicht schaffen. Und solange wir denken, dass wir es nicht schaffen, werden wir es nicht schaffen.

Gedanken haben eine enorm große Auswirkung auf unser Leben. Sie sind die Ursache für alles, was uns im Leben passiert. Unser Denken ist die einzig unsichtbare Kraft, die wir wirklich steuern können. Deine bisherigen Ergebnisse im Leben stehen im direkten Zusammenhang mit deinem Denken. Ob ich einen Extremlauf erfolgreich beende, hängt im Wesentlichen davon ab, was ich während des Abenteuers denke beziehungsweise welche Gedanken ich zulasse.

Wir sind, was wir den ganzen Tag denken. Wir werden, worüber wir nachdenken.

Doch wie denken wir? Und was bedeutet Denken? Denken ist nichts anderes, als sich den ganzen Tag unbewusst gestellte Fragen zu beantworten. Wenn ich vor einer Trainingseinheit stehe, frage ich mich: Was ziehst du heute an? Welche Route läufst du? Nimmst du einen Rucksack mit oder nicht? Jedem Gedanken geht eine unbewusst gestellte Frage voraus. Das nehmen wir meistens gar nicht mehr bewusst wahr.

Die Gedanken sind frei – sagt der Volksmund. Doch sind sie das wirklich? Können wir wirklich denken, was wir wollen? Einige Leserinnen oder Leser werden sagen: Sicher können wir das! Aber dir wird es wie den meisten Menschen gehen: Wir denken größtenteils nicht mehr bewusst, wir denken wiederholt. Die Gedankenprozesse laufen automatisch und unbewusst ab. Wissenschaftler haben herausgefunden, dass wir nur drei bis fünf Prozent neue Gedanken zulassen. Der Rest wird wiederholt. Es ist quasi ein geistiges Wiederkauen der immer gleichen Gedanken. Wenn du beispielsweise einen sicher geglaubten Auftrag doch nicht bekommst, werden deine Gedanken eine Zeitlang sehr wahrscheinlich immer wieder um diesen Auftrag kreisen.

Was können wir dagegen tun? Wir können an unseren Gedanken arbeiten. Das machen viele Sportler. Es bedeutet, dass ich wissen sollte, was ich denke, damit ich entscheiden kann, ob ich es denken will oder nicht. Oder kurz gesagt: Wir müssen Gedankendisziplin erlernen.

Das funktioniert durch bewusste und einfache Fragen, die wir uns immer wieder stellen. Solche Fragen sind:

Was denke ich gerade?

Will ich das denken?

Erreiche ich mit diesem Denken meine Ziele?

Wir bekommen also, und das ist das Entscheidende, ein Bewusstsein über unseren aktuellen Gedankeninhalt. Das ist bedeutsam, weil jeder mehrfach wiederholte Gedanke eine Denkgewohnheit wird. Ein Denkmuster. Hast du positive oder negative Gedankenmuster entwickelt?

Gedanken haben enorme Auswirkungen, vor allem in Bezug darauf, was möglich ist. Unsere Art zu denken setzt uns die Grenzen. Das bedeutet: Wenn wir es schaffen, unser Denken zu verändern, können wir auch unsere Grenzen verschieben. Einverstanden? Es kommt dabei nicht darauf an, wo du gerade im Leben stehst. Es kommt nicht darauf an, von wo du losläufst. Entscheidend ist, dass du wirklich bereit bist zu lernen. Erfolg ist keine Frage von WIE, sondern von WER. Und WER ist trainierbar. Das WER trainierst du, indem du lernst, deine Gedanken bewusst zu steuern. Die Macht der Gedanken in dir ist viel stärker als deine aktuelle Lebenssituation. Es ist leicht, dein Denken von den aktuellen Lebensumständen steuern zu lassen. Dazu ein Beispiel: Du bist selbstständig und hattest einige umsatzschwache Monate. Entscheidend ist nun, ob du diesen Resultaten erlaubst, deine Gedanken zu steuern. Oder ob du neue Gedanken erschaffst und dich fragst, wie du das Ruder herumreißen wirst.

Denken und vor allem selbstständiges Denken ist die anstrengendste Tätigkeit, die es gibt. Selbstständig denken heißt, Dinge kritisch zu hinterfragen und sich eine eigene Meinung zu bilden. Viele Menschen konsumieren, ohne kritisch zu hinterfragen, sind passiv und lassen sich berieseln und von der Außenwelt beeinflussen. Wer selbstständig denkt, lässt sich nicht von der materiellen Welt und der Meinung anderer beeinflussen. Die eigenen Gedanken sind die einzige Ursache für alles, was in deinem Leben passiert.

Die meisten Menschen begreifen nicht, dass sie ihre Träume verwirklichen können. Wir haben alle riesiges Potenzial in uns. Der Unterschied zwischen den Menschen liegt darin, was sie daraus machen.

Am vergangenen Wochenende traf ich beim Trollinger Marathon in Heilbronn einen guten Lauffreund von mir. Wir sprachen über Gott und die Welt und natürlich über das Laufen. Er erzählte mir von seinem Traum, einmal in seinem Leben einen Wüstenlauf in der Sahara machen zu wollen. »Ich wünsche mir diesen Lauf so sehr«, waren seine Worte. Diese Gedanken, Worte sind hörbare Gedanken, hat er nun in seinem Kopf selbst geschaffen. Doch keine zehn Sekunden später kam von ihm diese Aussage: »Der Wüstenlauf ist aber viel zu teuer. Das kann ich mir nicht leisten.« Diesen Gedanken hat er ebenfalls selbst kreiert. Welcher Gedanke wird sich jetzt in seinem Leben durchsetzen? Jener, mit dem er die stärkere Emotion verbindet. Wenn der Wunsch, den Lauf durch die Sahara zu machen, größer ist als der Zweifel, ob er sich das leisten kann, dann wird er früher oder später den Lauf realisieren.

Mein Impuls

Gedanken erzeugen Emotionen. Und Emotionen bringen dich ins Handeln oder Nicht-Handeln. Handeln produziert Ergebnisse. Die Summe der Ergebnisse wird dein Leben.

Wenn du etwas in deinem Leben verändern willst, geht es in erster Linie nicht darum, dein Handeln zu verändern. Weil das Handeln immer nur das Symptom ist. Du musst die Wurzel des Problems anpacken und dein Denken verändern. Dauerhafte Veränderung ohne ein verändertes Denken ist unmöglich. Lerne selbstständig zu denken, indem du bewusst entscheidest, welche Informationen du in deinen Kopf lässt.

Frag dich täglich:
- Was denke ich gerade?
- Will ich das denken?
- Komme ich mit diesem Denken meinen Zielen näher?

Durchführung – Das Abenteuer beginnt

Es geht los. Das Abenteuer beginnt. Ein wichtiger Schritt, denn ich bewege mich nun in unbekanntes Terrain hinein. Laufe beispielsweise in einem für mich noch völlig unbekannten Land oder nehme die ersten Meter unter meine Füße in dem Bewusstsein, dass dies mein längster Lauf werden wird. Auch in dieser Phase spielen sowohl physische wie mentale Aspekte eine Rolle.

Die Durchführung hängt stark von der Qualität der Vorbereitung und der persönlichen Identifikation mit dem Ziel ab. Doch du kannst zuhause am Schreibtisch noch so viel planen, noch so oft dein Ziel visualisieren, noch so viel Zeit in die Vorbereitung investieren und dir immer wieder gewisse Szenarien vorstellen, in der Realität kommt es häufig anders. Du stolperst schon am zweiten Tag und verstauchst dir den Knöchel, ein Begleitfahrzeug hat einen Motorschaden, ein Sandsturm zieht auf und wirft den Zeitplan komplett durcheinander. Viele unterschiedliche Faktoren spielen eine Rolle und treten oft erst während eines Abenteuers auf.

In diesem Kapitel geht es über Probleme, Stolpersteine, Rückschläge, das Arbeiten im Team oder den berühmten langen Atem.

22. Anfangen: Die erste Etappe ist die schwerste

»Kleine Taten, die man ausführt, sind besser als große, die man plant.«
(George Catlett Marshall Jr.)

Welche Etappe ist bei einem langen Mehrtageslauf die schwerste? Was meinst du? Meistens die erste. Warum ist das so? Weil du zu Beginn häufig noch nicht den eigenen Rhythmus gefunden hast, viele Situationen neu sind, du noch nicht die Routine und Souveränität besitzt, zahlreiche Faktoren unbekannt sind und du am Anfang noch nervös bist. Genau deshalb ist die erste Etappe, der erste Schritt, oft so mühsam.

Alles Große beginnt klein. Jeder noch so lange Weg beginnt mit dem ersten Schritt. Und dieser muss irgendwann gemacht werden. Du kannst im Vorfeld planen wie du willst, wenn du nicht startest, kannst du auch nicht ins Ziel kommen.

Eine Quintessenz aus fast 15 Jahren Abenteuer und Extremsport lautet: Nicht so viel über den ersten Schritt nachdenken, sondern ihn einfach tun. Oder anders gesagt: Erst denken, nicht handeln. Dann handeln, nicht denken. Wenn wir einfach anfangen, ein Ziel zu verfolgen, ohne Gedanken an Misserfolge oder ob es möglich ist, dann öffnen sich wie durch ein Wunder viele Türen für uns. Das ist schwer zu verstehen, wenn du es noch nicht selbst erlebt hast. Aber dies kann nur passieren, wenn du tatsächlich durch die Tür gehst. Schon durch den ersten Schritt wird sich einiges verändern. Und hör danach niemals auf weiterzugehen.

Viele Menschen wissen, was sie haben wollen. Aber sie wissen nicht, wer sie sein und was sie tun wollen. Könnte es sein, dass du eine Handlung aus Angst vor Fehlern hinausschiebst? Hast du Angst, dich zu blamieren? Gibt es etwas, was du jetzt gerade nicht tust, weil es nicht der richtige Zeitpunkt ist? Meinst du für etwas noch mehr Vorbereitung zu benötigen? Glaubst du, dass deine Träume nicht realistisch sind?

Es gibt keine perfekte Vorgehensweise und keinen perfekten Moment zum Beginnen. Wir sind niemals bereit für die ganz großen Aufgaben. Nur wenn wir anfangen, lernen wir die notwendigen Dinge. Die beste Vorbereitung ist es, etwas einfach zu tun. Aber wie oft sagen wir uns: Wenn ich erstmal mehr Energie habe, dann fange ich an zu laufen. Falsch! Die Energie kommt, WENN du läufst. Vielleicht hast du bisher immer gedacht: »Bin ich gut drauf, kann ich auch Gas geben und durchstarten. Bin ich nicht gut drauf, brauche ich erst gar nicht anzufangen. Bringt ja sowieso nichts.« Etwas zu beginnen, wenn du motiviert bist, ist einfach. Etwas zu beginnen, wenn du gerade keine Motivation verspürst, ist schon schwieriger. Motivation und Aktion sind sehr eng miteinander verflochten. Die meisten werden mir sicherlich zustimmen, wenn ich behaupte: Motivation führt zur Aktion. Klar, wenn ich motiviert bin, Sport zu treiben, schlüpfe ich in meine Laufschuhe und lege los.

Würdest du mir auch zustimmen, wenn ich behaupte: Aktion führt zur Motivation? Das habe ich schon häufig erlebt. Es fällt mir nicht immer leicht, eine geplante Trainingseinheit auch tatsächlich durchzuziehen. Besonders wenn es draußen hagelt, schneit und schweinekalt ist, meldet sich der Schweinehund auch bei mir. An eine Situation kann ich mich noch sehr gut erinnern. Ich stand gut zwei Wochen vor meinem Lauf durch das Königreich Bhutan. Dort wollte ich Mitte April 2013 insgesamt 265 Kilometer am Stück laufen. Es war Ende März 2013. Um genau zu sein, es war der Donnerstag vor dem Karfreitag. Mein Ziel war es, um 22 Uhr abends einen Trainingslauf zu starten, durch die ganze Nacht zu laufen und am nächsten Tag um zehn Uhr wieder zu Hause zu sein. Diese Trainingseinheit stellte die längste und mit Abstand wichtigste für mich dar, bevor es in ein paar Tagen nach Asien gehen sollte. Kurz gesagt: Mein Motivationsgrad war sehr gering. Mit großer Unlust packte ich meinen kleinen Laufrucksack und bereitete mich mental auf den Nachtlauf vor. Brauche ich diesen Lauf wirklich? Sind nicht auch vier Stunden am Tag in Ordnung? Nein, ein großes Ziel liegt vor mir. Ich brauche diese Einheit. Meine Gedanken rissen mich hin und her. Zumindest ging ich um 22 Uhr vor die Türe und lief einmal los. Mein erster Gedanke: Was machst du hier eigentlich? Drinnen ist es warm und gemütlich. Du könntest mit deiner Tochter im warmen Bett kuscheln. Nach zehn Minuten fühlte ich mich immerhin schon ein wenig besser, doch von einem hohen Motivationslevel zu sprechen wäre gelogen. Dann fing es an zu schneien. Auch das noch! Schnee an Ostern trägt nicht unbedingt zu einer höheren Motivation bei. Doch je länger ich lief, es war mittlerweile Mitternacht, umso besser fühlte ich mich. Meine Stimmung nahm von Minute zu Minute zu. Allein durch die stockfinstere Nacht zu laufen, nur der schmale Schein meiner Stirnlampe spendete mir Licht, das hatte schon etwas. Irgendwann fing ich an zu singen. Als ich am nächsten Morgen um 10 Uhr wieder zu Hause war, war ich stolz wie Oskar, dass ich diese Trainingseinheit durchgezogen hatte. Und das war mir nur gelungen, weil ich trotz niedriger Motivation angefangen hatte.

 Es gibt nur einen Maßstab, um zu beweisen, wie ernst du etwas meinst: deine Taten. Du musst anfangen. Eine erste Tat, ein erster Schritt. Wenn du feststellst, dass du mittel- bis langfristig nicht ins Handeln kommst, dann solltest du dich mit deinen Gründen beschäftigen. Frage dich: Warum will ich diese eine Sache erreichen? Warum will ich unbedingt Erfolg haben? Nimm dir Zeit zur Beantwortung der Fragen. Denn was einen Menschen vorantreibt, ist nicht das Wissen, wie er etwas tun muss, sondern das Wissen, warum er es tun muss. Wer genau weiß, WARUM er etwas will, wird das WIE immer finden.

Hast du schon mal den Satz »Ich werde es versuchen« gehört? Vergiss diesen Satz, streiche ihn aus deinem Vokabular! Denn so etwas wie versuchen gibt es nicht. Es ist nur ein anderer Ausdruck dafür, dass du etwas nicht tun wirst. Es gibt nur »Tun« oder »Nicht tun«. Wenn du etwas tun willst, dann tu es mit vollem Einsatz und nicht bloß um zu versuchen! Tu es oder tu es nicht, aber hör auf, es zu »versuchen«! Menschen, die sagen, »ich versuche es«, handeln oft nicht entschlossen. Halbe

Anstrengung bringt nicht den halben Erfolg, sondern sie bringt überhaupt keinen. Es ist, als würdest du darauf warten, dass sich ein Hindernis einstellt, dass dich von deinem Vorhaben abhält.

Jemand, der etwas tut, erwartet den Erfolg. Jemand, der versucht, wartet darauf, dass etwas dazwischenkommt.

Mein Impuls

Alles Große beginnt klein. Jeder Weg beginnt mit dem ersten Schritt. Und der muss irgendwann gemacht werden. Du kannst im Vorfeld noch so viel planen, wenn du nicht startest, kannst du auch nicht ins Ziel kommen.

Wer Probleme hat, sich zum Anfangen zu motivieren, dem lege ich den 5-Minuten-Deal ans Herz.

Der 5-Minuten-Deal ist eine Mentaltechnik, bei der du dich zumindest fünf Minuten lang verpflichtest, an einer Aufgabe zu arbeiten. Hat sich danach keine »echte« Motivation eingestellt, hörst du auf. Der Hintergrund ist klar: Wenn du erstmal in Bewegung bist, stellst du fest, dass die Aufgabe gar nicht so schwierig ist, wie du zunächst angenommen hast, und führst sie dann doch zu Ende.

Versprich dir selbst, fünf Minuten lang an einer Aufgabe zu arbeiten und erst danach erneut zu entscheiden, ob du aufhörst oder weitermachst.

Fang dann mit der Aufgabe an. Während der fünf Minuten gibt es keine Ablenkungen, Lustlosigkeit oder störende Gedanken. 100 Prozent Fokus auf diese Aufgabe.

Nach den fünf Minuten entscheidest du dich: Mache ich weiter (das wird häufig der Fall sein – das ist auch der Mehrwert dieser Methode!) oder höre ich tatsächlich auf? Probier es aus!

23. Probleme: Grundlage für das persönliche Wachstum

> *»Die Erfindung des Problems ist wichtiger als die Erfindung der Lösung; in der Frage liegt mehr als in der Antwort.«*
> (WALTHER RATHENAU)

Es gibt in unserem Leben keine Probleme, nur Chancen und Möglichkeiten. Kennst du diesen Satz? Es ist eine der typischen Aussagen mancher Motivationstrainer. Tatsache ist, dass wir alle Probleme in unserem Leben haben. Jeder Mensch, unabhängig von seinem Status, seiner Kultur und seiner Herkunft hat Probleme. Wirklich jeder. Das ist das Leben. Okay, wir können zu einem Problem Herausforderung, Chance oder Möglichkeit sagen, das hört sich vielleicht charmanter an, letztendlich bleibt es aber ein Problem. In unserem ganzen Leben geht es darum, Probleme zu meistern. Denn: Wenn ich ein Problem gelöst habe, tritt schon das nächste auf. Und wenn ich dieses gemeistert habe, kommt wieder eines.

In der Planungsphase für das »Run to the Rock«-Projekt stand ich anfangs vor dem Problem, das Budget zusammenzubekommen. Dann fand ich Sponsoren. Problem gelöst. Als Nächstes hatte ich Schwierigkeiten, die Genehmigungen für die Route durch das Outback zu erhalten. Schließlich bekam ich sie. Problem gelöst. Dann teilte mir der Autoverleiher mit, dass er uns nicht die gewünschten Geländewagen geben könnte. Ein paar

Tage später erhielt ich die Nachricht, dass sie uns andere Modelle zur Verfügung stellen könnten. Problem gelöst.

Die Spitzhaustreppe von Radebeul, auf der ich im Jahr 2008 den Sächsischen Mount Everest Treppenmarathon bestritt, ist für den Umgang mit Problemen ein sehr anschauliches Bild und eine wunderbare Metapher. Unser Leben gleicht dieser Treppe mit den unterschiedlichen Stufen. Jede Treppenstufe steht für eine Problemqualität.

Die Schwierigkeiten steigen von Stufe zu Stufe. Haben wir ein Problem auf einer Stufe gelöst, kommt schon die nächste. Auf dieser Treppenstufe befinden wir uns wieder eine gewisse Zeit, bevor es weiter aufwärts auf die nächste Ebene geht. Nur auf einem höheren Niveau. Die einzelnen Treppenstufen mit ihren jeweiligen Herausforderungen haben einen Sinn. Sie bereiten uns auf die jeweils nächste Stufe vor. Jede Stufe hat ihre Schwierigkeiten. Ohne sie gemeistert zu haben, kommen wir nicht weiter. Und das ist gut so. Denn wir wären nicht stark genug für die nächste Ebene. Jede höhere Ebene erfordert eine höhere Frustrationstoleranz. Wir haben beim Treppensteigen immer zwei Möglichkeiten: Wir geben auf und bleiben stehen beziehungsweise gehen wieder hinunter. Oder wir wachsen und steigen weiter hinauf. Welche Entscheidung triffst du für deine persönliche Spitzhaustreppe in deinem Leben?

Viele Menschen denken, sie können nur glücklich sein, wenn sie keine Probleme haben. »Wenn ich erstmal mehr verdiene und finanziell unabhängig bin, dann habe ich keine Probleme mehr.« Falsch! Erfolgreiche Menschen wissen, dass es immer Probleme geben wird. Je erfolgreicher du bist, desto mehr Probleme hast du.

Je mehr Erfolg du hast, desto größer ist die Dimension deiner Probleme. Und das ist gut so. Denn: Wir wachsen nur an den Situationen, die uns wirklich fordern.

Warum sind Probleme bei den meisten Menschen so negativ besetzt? Denn für die meisten Probleme gilt doch: Das eigentliche Problem ist nicht so sehr das Problem, sondern die Art und Weise, wie wir eine Angelegenheit wahrnehmen. Unsere Art, das Problem zu sehen, ist das Problem. Der Schlüssel liegt in der Einstellung, die wir gegenüber Problemen haben. Ein Problem hat weniger Macht über uns, wenn wir gedanklich und gefühlsmäßig nicht in ihm bleiben. Wir müssen unterscheiden, was außerhalb von uns passiert und wie wir innerlich darauf reagieren. Wir werden immer wieder auf die Schnauze fallen. Viele Probleme können wir einfach nicht beeinflussen. Das Einzige, was wir beeinflussen können, sind wir selbst und wie wir auf das Problem reagieren.

Probleme zwingen uns, uns mit den Seiten unseres Charakters auseinanderzusetzen, mit denen wir normalerweise wenig in Berührung kommen. Sie zwingen uns, mit schwierigen Situationen klarzukommen, und lehren uns, eher auf unseren Instinkt als auf antrainierte Standardmethoden zu vertrauen.

Mein Impuls

Wir alle haben in unserem Leben Probleme. Diese lassen sich nicht vermeiden. Sie sind Teil unseres Lebens. Doch das eigentliche Problem ist nicht so sehr, dass wir Probleme haben, sondern die Art und Weise, wie wir sie wahrnehmen. Unsere Art, das Problem zu sehen, ist also das Problem.

Was hältst du davon, einem Problem zukünftig positiv gegenüberzustehen? Konzentriere dich auf seine Lösung. Stell dir folgende Fragen: Wie gehe ich dieses Problem an? Was kann ich konkret tun, um dieses Problem zu lösen? Was ist gut an dieser Situation? Was könnte an ihr gut sein?

Mach dir bewusst: Wenn du ein Problem hast, ist das gut. Denn du hast die Möglichkeit, daran zu wachsen und dich weiterzuentwickeln.

24. Allein sein: Der unterschätzte Erfolgsfaktor

> *»All unser Übel kommt daher, dass*
> *wir nicht allein sein können.«*
> (ARTHUR SCHOPENHAUER)

Welchen Tag haben wir heute? Wie spät ist es? Mein Zeitgefühl ist mir in der Wüste völlig abhandengekommen. Ich befinde mich irgendwo in der Pampa am anderen Ende der Welt. Genauer gesagt in der Atacamawüste in Chile. Die Abgeschiedenheit und Einöde der Wüste haben mich in ihren Bann gezogen. Außer der endlosen Weite scheint es nichts um mich herum zu geben. Keine anderen Läufer, keine Zuschauer, kein Gedränge, keine Hektik, keine Musik. Keine Menschenseele weit und breit. Keine Stimmen. Nichts. Absolute Stille. Bewusst nehme ich meinen Atem wahr. Gleichmäßig und ruhig. Meine Gedanken kreisen und ich lasse sie kreisen. Ich bin eins mit mir, bin ganz bei mir. Es kehrt Ruhe in mir ein. Ich bin mir selbst genug. Es ist wie eine innere Reinigung.

Eine Gänsehaut macht sich auf meinem ganzen Körper breit. Ich liebe diesen Zustand. Ich liebe solche Momente. Ich liebe das Alleinsein. Klingt das befremdlich für dich?

Wir alle benötigen ab und an Zeit für uns. Zeit *nur* für uns. Um über uns und unser Leben nachzudenken, zu reflektieren, zu träumen, zu entspannen. Allein zu sein ist einer der am meisten unterschätzten Erfolgsfaktoren. Können wir Menschen als Herdentiere überhaupt für längere Zeit allein sein? In unserem Alltag sind wir ständig von anderen Menschen umgeben. Beim Job, zu Hause, im Verein, auf der Straße, während der Zugfahrt. Fast ununterbrochen sind wir von Geräuschen und Lärm umringt. Stimmengewirr, Motorengeräusche, Telefonklingeln, Autogehupe, Musik, Medienbeschallung. Wir sind permanent abgelenkt, mittendrin im Leben und können uns eine Welt ohne Mobiltelefon, E-Mails, Social Media und Internet gar nicht mehr vorstellen. In so einer Atmosphäre fällt es schwer, über wichtige Projekte oder gar essenzielle Lebensfragen nachzudenken. Leicht verwechseln wir manisches Beschäftigtsein mit Erfüllung.

Es ist wichtig, dass du Abstand zum Alltag gewinnst, um wieder ein Gefühl für die Möglichkeiten zu bekommen, die dir offenstehen. Wie oft sind wir in unserem Leben wirklich allein? Haben Zeit nur für uns? Befinden uns in Stille? Sind ganz bei uns?

Wir brauchen solche Pausen, um über unsere Werte und unser Leben nachzudenken, über die Richtungen, die wir eingeschlagen haben. Wir müssen immer wieder innehalten, um nicht vom Strom des Dringlichen und Alltäglichen mitgerissen zu werden. Das Dringliche hat die Neigung, laut zu erscheinen, damit es wichtig wirkt. Aber in ruhigen Momenten können wir differenzieren. Wir können wieder Wichtiges von Pseudowichtigem unterscheiden. Im Alleinsein finden wir zu unserem eigenen Rhythmus und zu unserer natürlichen Kreativität zurück.

Das Alleinsein erfahre ich nicht nur im Rahmen meiner Laufabenteuer und Expeditionen, sondern ich integriere solche »ICH-Phasen« ganz bewusst in meinen Alltag. Beispielsweise bin ich für das Schreiben dieses Buchs häufig in den Schwarzwald, genauer gesagt in das Höhenhotel Rote Lache, gefahren. Das Besondere an dieser Unterkunft: Sie liegt abgeschieden im Wald auf einer Höhe von 700 Metern. Drumherum nichts außer Natur. Und vor allem Ruhe. Abgesehen vom Knacken der Äste und dem Zwitschern der Vögel ist es hier meistens vollkommen ruhig. Wenn ich im Büro nicht mit dem Schreiben vorankam und schier am Verzweifeln war, fuhr ich wieder zu meinem geliebten Höhenhotel. Dort im Schwarzwald war ich frei von inneren und äußeren Zwängen, fühlte mich rundum wohl und erfuhr keinerlei Ablenkung. Eine Quelle der Kreativität. Eine Fundgrube der Inspiration. Nur in einer ruhigen Umgebung und mit einer ruhigen Seele entstehen große Gedanken.

Alleinsein ist jedoch nicht zu verwechseln mit Einsamkeit. Während Einsamkeit ein Gefühl darstellt, in der wir das Alleinsein negativ bewerten, ist Alleinsein zunächst eine neutrale Situationsbeschreibung. Sie kann positiv oder negativ interpretiert werden. Einsamkeit, so sagt der Psychologe John Cacioppo von der University of Chicago, sei nicht an die An- und Abwesenheit von Menschen gebunden. Sie sei auch nicht an die Anzahl von Menschen gebunden, die man kennt. Wer einsam sei, dem fehlten nicht einfach Menschen – sondern das Gefühl, von ihnen beachtet, anerkannt und gebraucht zu werden. Es charakterisiert eine tiefe Unzufriedenheit mit den Beziehungen, die schon bestehen. In der Psychologie unterscheidet man seit den 1970er-Jahren zwei Arten von Einsamkeit: die soziale Einsamkeit, die einen Mangel an sozialer Integration erfasst, und die emotionale Einsamkeit, die den Mangel an festen Vertrauenspersonen abbildet.

Entscheidend dafür, ob Alleinsein als Einsamkeit empfunden wird, ist vor allem eines: ob die Situation freiwillig gesucht oder ob sie von außen auferlegt wurde. Entscheidest du dich aus freien Stücken dafür, erlebst du Alleinsein als befreiend und wohltuend.

Mein Impuls

Wir brauchen regelmäßig Abstand zu unserem Alltag, um über unsere Werte und unser Leben nachzudenken, zu reflektieren über die Richtungen, die wir eingeschlagen haben. Wir müssen immer wieder innehalten, um nicht vom Strom des Dringlichen und Alltäglichen mitgerissen zu werden.

Deshalb: Plane in deinen Alltag von Zeit zu Zeit Mini-Auszeiten ein, in denen du allein bist.

Such dir eine ruhige, für dich inspirierende Umgebung und achte bewusst auf deine Wahrnehmung. Was siehst du? Was hörst du? Was riechst du? Wie wirkt die Stille auf dich? Welche Gedanken hast du im Kopf? Was passiert mit deinem Atem?

Alleinsein + Stille: Das ist eine starke Kombination.

25. Einstellung: Eine Frage der richtigen Perspektive

> *»Um klar zu sehen, genügt oft ein*
> *Wechsel der Blickrichtung.«*
> (ANTOINE DE SAINT-EXUPERY)

Es ist Tag drei, die Schlüsseletappe während meines Laufs durch die Atacamawüste in Chile. Es ist der Tag der Entscheidungen. Der Tag des gewaltigen Sandsturms. Der Wind bläst mir den feinen Sand direkt ins Gesicht, und meine Zunge fühlt sich an, als läge sie in einem Sandkasten. Außer Sand sehe ich stellenweise überhaupt nichts mehr. Wie Tausende von Nadeln schlagen die zahllosen Sandkörner gegen mich. Es heult und pfeift um meine Ohren. Wie lange wird der Sturm wohl andauern? Wann wird er wieder abschwächen? Mit zwei Kilometern an zurückgelegter Distanz in der letzten Stunde komme ich nur sehr langsam voran. An ein Lauftempo ist teilweise gar nicht mehr zu denken – Gehpassagen dominieren zunehmend meinen Rhythmus. Mir kommt es manchmal vor, als befände ich mich nicht in der Wüste, sondern beim Yukon Arctic Ultra im eiskalten Kanada. Mit zwei Paar Handschuhen, einer warmen Wollmütze und einer Daunenjacke bewege ich mich Schritt für Schritt vorwärts. Wie das kleine, dicke Michelin-Männchen komme ich mir in Anbetracht meiner drei Kleidungsschichten vor. Meine Lippen sind seit der zweiten Etappe offen und meine Nase läuft ständig. Wie weit ist es wohl noch?, geht es mir ständig durch den Kopf. Durch den starken Wind bemerke ich nicht einmal mehr das Begleitfahrzeug meines Teams, das von hinten an mich heranfährt. »Komm weiter! Das schaut sehr locker aus«, motivieren mich meine beiden Freunde Christian und Benjamin. Dabei hätten sie genauso eine Aufheiterung gebrauchen können, denn stundenlang nur im Auto zu sitzen und bei diesen extremen Bedingungen die Zeit totzuschlagen ist sicherlich alles andere als angenehm. Doch mir fehlt schlichtweg die Kraft dazu. Jeder Schritt ist ein Kampf gegen den Wind. Als würde ich mit angezogener Handbremse laufen, so kommt es mir vor. Dann wird es für mich unerträglich und ich steige in das geparkte Auto meines Teams. Auch Christian und Benjamin wirken angestrengt und frustriert angesichts des starken Sandsturms. »Willst du weiterlaufen?«, fragt mich Benjamin. »Natürlich will ich weiterlaufen«, gebe ich zurück. Ehrlich gesagt, weiß ich in diesem Moment nur, *dass* ich weiterlaufen will. Mir ist aber unklar, wie und vor allem wann. Körperlich fühle ich mich weiterhin ausgezeichnet und würde meinen Weg gleich fortsetzen, wenn ich denn könnte. Doch die Wüste und der Sandsturm zeigen mir in diesem Augenblick sehr deutlich die Grenzen auf. Mir wird schlagartig bewusst, wie klein wir Menschen gegenüber der mächtigen Natur sind. Du kannst alle Willenskraft der Welt auf einmal aufbringen, wenn die Natur aber einen Riegel in Form eines Sturms, Orkans, Erdrutsches oder Tsunamis davorschiebt, bist du machtlos. Ich kann vielleicht gegen mich und meinen inneren Schweinehund ankämpfen, aber nicht gegen Mutter Natur.

An diesem dritten Tag meines Wüstenlaufs konnte ich nichts gegen die äußeren Umstände ausrichten, die den weiteren Ausgang dieses Abenteuers stark beeinflussten. Anfangs schimpfte ich auf den Sturm und war völlig unzufrieden mit dieser Situation. Meine Stimmung befand sich auf dem absoluten Tiefpunkt und meine Gedanken schienen ins Negative abzudriften: Warum tue ich mir das an? Warum mache ich das bloß? Doch diese Fragen halfen mir nicht weiter. Nach einer Weile fragte ich mich: Was kannst du in dieser konkreten Situation tun? Es gibt genau zwei Möglichkeiten. Ich kann sagen: »Ohh, das Wetter spielt ja heute gar nicht mit. Der viele Sand, der starke Wind, die eisige Kälte. Es sind heute einfach keine optimalen Bedingungen. Wenn du unter diesen Bedingungen aufgibst, ist das nicht schlimm.« Oder ich sage mir: »Dein Ziel bei diesem Abenteuer ist es, durchzulaufen. Das Wetter wird dich nicht davon abhalten. Vielleicht benötigen wir mehr Zeit als geplant, aber wir werden es schaffen.«

Wir können nur einen Gedanken zur gleichen Zeit haben. Entweder positiv oder negativ. Wir können ein und dieselbe Situation ganz unterschiedlich interpretieren. Wie habe ich schließlich die Situation in der Wüste gelost? Ich habe meine Einstellung gegenüber den äußeren Umständen geändert. Das habe ich geschafft, indem ich mir andere Fragen stellte. Ich veränderte durch konstruktive und bessere Fragen einfach meine Einstellung und meinen Blickwinkel. Ich fragte mich: Was kann ich denn tun, um aus dieser Situation wieder herauszukommen? Was ist an dieser Situation positiv? Wie wird es wohl sein, wenn ich jetzt weiterlaufe und in ein paar Tagen das Ziel erreiche? Ich fragte mich auch:

Wie viele Menschen wären wohl liebend gerne in meiner Situation? Wie viele würden sehr gerne mit mir tauschen? Ist es nicht ein Privileg, hier laufen zu dürfen? Okay, es ist heute ein wenig mühsamer, doch lieber solch ein Tag hier in der Wüste als zu Hause im Büro.

Stell dir solche Fragen, wenn du dich das nächste Mal in einer scheinbar kritischen Situation befindest! Ich verspreche dir: Zumindest dein Blickfeld verändert sich. Ein einfacher Perspektivenwechsel durch andere Fragen, und schon hast du neue Energie!

Lenk deinen Blickwinkel weg von den negativen Dingen, dem Mangel, dem Scheitern, dem Misserfolg, hin zu den positiven Dingen, deinen Potenzialen, deinen Zielen, deinen Möglichkeiten. Du fragst dich: Was fehlt mir? Frag stattdessen: Welche meiner Fähigkeiten nutze ich noch nicht? Du fragst dich: Was läuft alles falsch in meinem Leben? Frag dich stattdessen: Was läuft alles richtig in meinem Leben? Du fragst dich: Warum habe ich den Auftrag nicht bekommen? Frag dich stattdessen: Wie bekomme ich den Auftrag?

Was du aus einer Situation machst, liegt nur an dir und deiner Einstellung!

Mein Impuls

Wir nehmen die Welt nicht so wahr, wie sie tatsächlich ist, sondern wie wir sie für uns interpretieren. Die eigene Wahrnehmung, die eigene Interpretation einer Situation, bestimmt über unseren jeweiligen Gemütszustand. Nicht die äußeren Umstände, ein Sturm, ein verspäteter Zug oder der Chef beeinflussen uns und unseren aktuellen Zustand, sondern nur, wie wir auf diesen reagieren. Und wir können auf diesen Zustand reagieren, indem wir uns andere, bessere Fragen stellen und dadurch unseren Blickwinkel verändern. Fragen wie zum Beispiel: Wie viele Menschen wären wohl liebend gerne in meiner Situation? Was ist das Positive an dieser Situation? Was kann ich tun, um das Beste aus dieser Situation zu machen?

Was du siehst, was du wahrnimmst, entscheidest du selbst, indem du deinen Standpunkt, deine Einstellung und deinen Blickwinkel wählst. Was hält dich davon ab, in einer bestimmten Situation einen anderen Blickwinkel einzunehmen?

26. Selbstbeeinflussung: Die Kraft der Worte

»Worte sind die mächtigste Droge, welche die Menschheit benutzt.«
(JOSEPH RUDYARD KIPLING)

Bei einer Laufexpedition wie in Australien durchlebe ich ständig Hoch und Tiefs. Muskelprobleme, Magenbeschwerden, mentale Krisen – der ganze Körper wird bei solch einem Rennen extrem beansprucht. Die Kunst besteht darin, in Krisensituationen weiterzulaufen und nicht aufzugeben. Wie das geht? In Australien begann ich beispielsweise ganz automatisch Selbstgespräche zu führen. »Das ist ein toller Lauf in einer atemberaubenden Landschaft. Ich bin echt froh, dass ich hier sein darf.« So und so ähnlich lief das bei mir ab. Vor allem sprach ich mir immer wieder folgenden Satz vor: »Ich schaffe es. Ich schaffe es. Ich schaffe es. Ich schaffe es.« Wieder und immer wieder.

In der Fachsprache wird dies als Affirmation oder Selbstbeeinflussung bezeichnet. Das lateinische Wort »affirmare« bedeutet bestärken, bejahen, behaupten, bestätigen. Wenn wir Affirmationen verwenden, behaupten wir etwas, das wir erst später durch die entsprechende Erfahrung bestätigt bekommen. Affirmationen lenken den Fokus auf erwünschte Ergebnisse. Diese mentale Technik ist so einfach, dass es dir vielleicht schwerfällt zu glauben, damit grundlegende Veränderungen herbeizuführen. Wenn du eine Affirmation verwendest, entscheidest du dich für eine Aussage, die das, was du erreichen willst, zum Ausdruck bringt.

Worte sind hörbare Gedanken. Deine Worte geben deinen Gedanken einen Körper. Sie können eine ungemein große Wirkung entfalten, wenn du sie richtig nutzt.

Sobald deine Selbstgespräche mit deinem Ziel übereinstimmt, ist nichts unmöglich.

Diese mentale Technik funktioniert, indem du deine schriftlich fixierte Zielformulierung in eine Formel »kleidest« und dir diese Formel täglich immer wieder unzählige Male laut, intensiv und mit genügend Überzeugungskraft vorsagst und damit deinem Unterbewusstsein die notwendigen Befehle gibst, um dein Ziel zu erreichen.

Für mein Ziel »Der beste Redner zu werden, der ich sein kann« formulierte ich mir die folgende Affirmation: »Ich werde als Vortragsredner jeden Tag immer stärker und stärker.« Jeden Tag nahm ich mir fünf Minuten Zeit und sagte mir diesen Satz immer wieder laut vor. Das war zugegebenermaßen zu Beginn etwas befremdlich, doch nach ein paar Mal hatte ich mich daran gewöhnt.

Sobald deine Ohren die Worte dieser Formel aufnehmen, gelangen sie auch in dein Unterbewusstsein und beginnen dort zu wirken, das bedeutet, dein Denken und dein Verhalten zu beeinflussen.

Ein ganz wesentlicher Aspekt, den es dabei zu beachten gilt: Du kannst dein Unterbewusstsein nicht »be-denken«, sondern du musst es »be-sprechen«. Eine Affirmation kann nur dann erfolgreich sein, wenn sie gesprochen wird. Denn das gesprochene Wort hat eine wesentlich stärkere Wirkung auf das Unterbewusstsein als ein Gedanke.

Affirmationen sind als Hilfe gedacht, um dich schnell in eine positive Stimmung zu bringen. Nicht mehr und nicht weniger. Wenn du aber erwartest, dass durch die regelmäßige Anwendung von Affirmationen grundlegende Probleme verschwinden, ist das naiv und gefährlich.

Mein Impuls

Worte sind hörbare Gedanken. Deine Worte können eine ungemein große Wirkung entfalten, wenn du sie richtig nutzt.

Sag dir deshalb etwas lange genug, laut genug, oft genug, intensiv genug und mit genügend Überzeugungskraft, und du wirst daran glauben.

Nimm dir jeden Tag etwa fünf Minuten Zeit und suche einen Ort auf, an dem du nicht gestört wirst. Wiederhole dann die von dir gewählte Wortfolge ununterbrochen fünf Minuten lang, und zwar so, dass dir zwischen den einzelnen Wiederholungen keine Zeit bleibt, an etwas anderes als an dein Ziel zu denken. Sprich dabei deine Zielformel laut und deutlich. Lass während dieser Zeit keine anderen Gedanken zu. Für diese fünf Minuten sollte deine volle Aufmerksamkeit auf dieser Formel liegen.

Du wirst danach feststellen, dass die Wiederholung der Formel dein gesamtes Bewusstsein ausfüllt. Der alles entscheidende Aspekt an dieser Übung ist die Tatsache, dass du in diesen fünf Minuten keine andere als die dein Ziel betreffende geistige Ursache gesetzt hast. Besonders wirksam ist diese Methode kurz vor dem Einschlafen und nach dem Aufwachen (bevor du aufstehst!). Denn zu diesen Zeiten ist dein Unterbewusstsein besonders aufnahmefähig und du kannst ihm leicht dein Ziel eingeben.

27. Momentum: Dynamik schlägt Disziplin

>*Aller Anfang ist schwer.*«
(SPRICHWORT)

Die Schotterpiste nimmt einfach kein Ende. Sie führt kreuz und quer über die Insel. Mal geht es bergauf, mal bergab. Nur selten verläuft der Weg in der Ebene. Um mich herum nichts als Natur. Grenzenlose Weite und beängstigende Einsamkeit umgeben mich. Keine Menschenseele weit und breit.

Ich befinde mich irgendwo in der Pampa Patagoniens im äußersten Süden Chiles. Genauer gesagt in Feuerland, der größten Insel Südamerikas. Tierra del Fuego (»Land des Feuers«, wie Feuerland im Spanischen heißt, liegt ganz im Süden des amerikanischen Kontinents und ist durch die Magellanstraße vom südamerikanischen Festland getrennt. Nur die Antarktis liegt noch südlicher. Die zwischen Argentinien und Chile geteilte Insel bietet eine ganz eigene Pflanzen- und Tierwelt und hat mich schon jahrelang in den Bann gezogen. Nun darf ich endlich hier sein. Die Abgeschiedenheit und Einöde sowie die wilde und raue Landschaft Feuerlands faszinieren mich. In dieser Gegend kann sich das Wetter innerhalb von wenigen Minuten komplett verändern. Diese extremen Bedingungen haben mich zu einem außergewöhnlichen Laufabenteuer veranlasst: »FIRE & ICE«, einer Expedition über insgesamt 600 Kilometer in zwölf

Tagen quer durch Feuerland. Vollkommene Autonomie, also kein Begleitfahrzeug, kein Team und keine motorisierte Unterstützung, das war mein Anspruch bei diesem Abenteuer. Daraus folgt, dass ich das vollständige Equipment für die gesamte Laufstrecke inklusive Zelt, Kochutensilien, Kleidung sowie aller Wasser- und Essensvorräte mit mir führen musste. Insgesamt fast 50 Kilogramm an Gewicht. Ein umgebauter Babyjogger, mit dem ich normalerweise meine Tochter Marla durch die Gegend schiebe, fungierte dabei als Transportsystem.

Die ersten Etappen der Expedition waren mühsam. Nicht nur wegen des orkanartigen Winds, der das Vorankommen extrem erschwerte, sondern wegen einer Reihe anderer Gründe. Ich suchte meinen Laufrhythmus – und fand ihn nicht. Der Hüftgurt, mit dem ich den Babyjogger hinter mir herzog, rieb auf der Haut. Die Ausrüstung war nicht optimal im Jogger aufgeteilt. Das Zeltaufbauen dauerte abends viel zu lange. Doch solche Dinge sind normal bei einem langen Etappenrennen. Das wusste ich aus vielen solcher Läufe. »Hab Geduld«, sagte ich mir innerlich immer wieder. Ab der vierten Etappe lief es dann besser. Carole, die mich als Fotografin auf dem Rad begleitete, und ich waren besser aufeinander eingespielt. Den Hüftgurt nahm ich nicht mehr wahr und der Körper hatte sich an die täglichen Belastungen gewöhnt. Routinen und feste Abläufe hatten sich gebildet, die uns das Leben im wilden Feuerland erleichterten. Von Tag zu Tag lief es besser. Fast wie am Schnürchen. Ich war voll in meinem Element. Alles um mich herum blendete ich aus. Für mich existierte jetzt nur noch »FIRE & ICE«. Rund um die Uhr. Wie eine schwere Lokomotive, die endlich gestartet ist und die nichts und niemand mehr

t – so kam ich mir vor. Oder anders gesagt: Ich
un Momentum.

Momentum kann als Bewegung, Schwung oder
Eigendynamik übersetzt werden. Das Prinzip dahinter: Die ersten Meter sind immer die schwersten. Du
brauchst alle Kraft. Wenn du aber erstmal in Schwung
bist, benötigst du viel weniger Energie. Durch das Gehen
Richtung Ziel entwickelt sich ein Schwung, eine eigene Dynamik, die dich immer schneller zu deinem Ziel
führt. Das Prinzip des Schwungs ist eines der größten
Erfolgsgeheimnisse überhaupt. Momentum beginnt
immer mit Disziplin. Je mehr du trainierst, umso besser wirst du. Je besser du bist, umso besser werden
deine Resultate. Je besser die Resultate, umso motivierter bist du. Je motivierter du bist, umso mehr arbeitest du. Und umso mehr Momentum hast du. Aber der
Ausgangspunkt, mit dem du diese Spirale in Gang setzt,
ist Disziplin.

Selbst wenn wir Momentum erreicht haben, brauchen
wir weiterhin ein wenig Disziplin. Ich erkläre es dir an
einem Beispiel. Stell dir vor: Laufen ist überhaupt nicht
dein Lieblingssport und dennoch willst du beginnen, regelmäßig zu laufen. Du fängst an. Morgens um sechs
Uhr klingelt dein Wecker. Die ersten Wochen ist es oftmals ein ständiger Kampf, dich zum Laufen aufzuraffen.
Dann hast du nach einiger Zeit Momentum aufgebaut
und springst morgens mit Freude und ohne groß darüber
nachzudenken in die Laufschuhe. Aber nicht immer, sondern nur bei fünf von sieben Laufeinheiten. Die anderen
beiden Trainingstage brauchst du noch etwas Disziplin,
aber längst nicht so viel wie zu Beginn. Sobald du losge-

laufen bist, genießt du den Lauf. Und das war während der ersten Wochen ganz anders. Nach Monaten wird das Laufen zu einer festen Gewohnheit. Jetzt stolperst du morgens automatisch in deine Laufschuhe, du wachst sogar mit der Vorfreude auf das Joggen auf. Jedes Mal. Bis auf ein oder zwei Tage, an denen es dir schwerer fällt, aufzustehen. Dieser Zustand hält ein Leben lang an. Ganz selten brauchst du noch ein wenig Disziplin. Die weitaus meiste Zeit hält sich das Momentum von allein. Ob beim Laufen, beim Lernen einer neuen Sprache, beim Einführen einer neuen Software oder dem Schreiben eines ganzen Buchs – bei jeder dauerhaften Aktivität hilft dir Momentum weiter.

Mein Impuls

Mach dir bewusst, dass du zu Beginn eines Vorhabens viel Kraft, Zeit und Energie benötigst, um überhaupt zu starten. Die ersten Meter sind die schwersten. Wenn du aber Momentum aufgebaut hast, dann kann dich nichts und niemand mehr stoppen.

Wenn du noch keine Eigendynamik aufgebaut hast und es dir schwerfällt, ins Handeln zu kommen, empfehle ich dir die Mentaltechnik »So tun, als ob«. Bei dieser Methode geht es darum, sich so zu verhalten, als wärst du schon motiviert, als hättest du bereits Momentum. Solch ein Verhalten hat Einfluss auf den tatsächlichen Aktivierungsgrad. Das tatsächliche Verhalten beeinflusst unseren mentalen Zustand enorm, denn Verhalten und innere Einstellung bedingen sich gegenseitig.

Mach dir bewusst, wie sich ein erfolgreicher Sportler verhält, der motiviert ist! Wie ist seine Körpersprache? Seine Gestik? Sein Gesichtsausdruck? Imitiere dieses Verhalten. Fang damit an, dass du dich vor einen Spiegel stellst und dich für zehn Sekunden mit voller Überzeugung anlächelst. Probier es aus!

28. Jetzt: Die Magie des Moments

*»Monde und Jahre vergehen, aber ein schöner
Moment leuchtet das Leben hindurch.«*
(FRANZ GRILLPARZER)

Das ist schon komisch. Ein eigenartiges Gefühl. Nach
über 1.000 gelaufenen Kilometern betrete ich das erste
Mal wieder asphaltierten Boden. Willkommen in der
Zivilisation. Ich denke an nichts anderes mehr. Ich
will nur noch diesen roten Felsen berühren. Ich will
nur noch ankommen. Die letzten Bremsen löse ich und
fliege dem Ziel förmlich entgegen. Ich bin voll in meinem Element. Ich brenne. Ich renne – den Kilometer
unter fünf Minuten. Tränen schießen mir in die Augen.
Meine Mundwinkel wandern Richtung Nasenhöhe.
Freudestrahlend schaue ich hoch an den wolkenfreien
Himmel, an dem die Sonne wie eine Königin thront.
Dabei macht sich Gänsehaut auf meinem gesamten
Körper breit. In mir ist es ganz warm. Es prickelt in mir
vom Kopf bis zu den Fußspitzen. Ich bin völlig losge-
löst von allem. Bin ganz bei mir angekommen. Ich brauche nichts in diesem Moment. Bin einfach nur da. Meine
Beine, meine Arme, meine Füße, mein Kopf – alles fühlt
sich ganz leicht an. Die letzten Meter. Dann im Ziel.
Meine Hände berühren, nach 1.120 Kilometern und
15 ereignisreichen Tagen, den Ayers Rock. Mein gesam-
ter Körper zittert – vor Glück und Erschöpfung. Es ist
ein Moment des Glücks. Ein Moment, in dem es weder

ein Gestern noch ein Morgen gibt. Ich lebe den Moment. Ich lebe im Jetzt.

Was mich persönlich antreibt, 1.120 Kilometer quer durch das Outback zum Ayers Rock zu laufen, ist neben der Faszination für das Unbekannte, der Begeisterung, die eigenen Grenzen zu testen, und der puren Lust am Laufen auch die Angst vor der Reue. Wenn ich die Chance habe, genau das zu tun, es aber nicht tue, werde ich es möglicherweise später bereuen. Deshalb tue ich es. Deshalb habe ich »Run to the Rock« in die Tat umgesetzt. Das Leben ist so schnelllebig. Seit der Geburt meiner Tochter Marla scheint es nochmals an Fahrt aufgenommen zu haben. Jeder einzelne Tag ist kostbar, jede einzelne Stunde wertvoll, jede einzelne Minute einzigartig. Das wird mir auf Reisen und bei Abenteuern, mit etwas Abstand zum Alltag, immer wieder bewusst.

Oftmals sind wir zu beschäftigt, um die Schönheit eines Moments zu genießen.

Wir sehen vieles als selbstverständlich an und glauben, unendlich viel Zeit zu haben. Doch das ist ein gewaltiger Irrtum. Unsere Lebenszeit ist bekanntlich begrenzt. Jeder gelebte Tag ist unwiderruflich vorbei. Alles andere im Leben ist ersetzbar, nicht jedoch unsere Zeit. Die meisten Menschen haben verlernt, im Hier und Jetzt zu leben. Nervöses Beschäftigtsein und hektische Betriebsamkeit ersetzen das bewusste Leben beziehungsweise das Er-Leben eines Augenblicks. Der Schwerpunkt des heutigen Zeitmanagements wird darauf gelegt, Minuten zu planen, während viele Menschen Jahre vergeuden. Wer sein Ziel nicht kennt, aber gutes Zeitmanagement betreibt, der gelangt nur schneller ans falsche Ziel. Auf diese Weise werden wir immer perfekter, etwas zu tun, was nicht zählt. Das Wichtige wird nicht berücksichtigt, nämlich herauszufinden, was für uns wirklich von Bedeutung ist. Wir verherrlichen die Uhr und vernachlässigen den Kompass. Wir bemerken gar nicht, was uns auf diese Weise entgeht. Es fällt uns vielfach erst dann auf, wenn es zu spät ist. Jene Menschen, die sich ausschließlich auf Termine und Ziele fixieren, leben nur in der Zukunft. Das Fatale daran ist, dass sie auch in Zukunft für die Zukunft leben werden. Auf diese Weise werden sie niemals den Moment genießen.

Wie oft laufen wir an Gelegenheiten, an besonderen Momenten oder, wie ich sie nenne, »magic moments« vorbei? Nehmen sie gar nicht wahr. Stempeln sie als Selbstverständlichkeit ab. Dabei müssen »magic moments« keine hochtrabenden, außergewöhnlichen Erlebnisse sein. Du findest sie direkt bei dir. Jeden Tag. Du musst sie nur sehen. Das Frühstück mit deiner Familie, das Zwitschern der Vögel, die bunten Blumen am Wegesrand, das Lächeln der Kassiererin, der Kaffee am Morgen … Wir müssen die Fähigkeit wieder erlernen und kultivieren, den Moment als Wunder zu erkennen und dafür dankbar zu sein. Wir können für so vieles in unserem Leben dankbar sein: gesund zu sein, eine Tochter oder einen Sohn zu haben, einen Tee trinken zu können, einen vollen Kühlschrank zu besitzen. Mach dir das bewusst!

Mein Impuls

Unser Leben findet im Hier und Jetzt statt. Lebe nicht in der Zukunft. Lebe nicht in der Vergangenheit. Lebe den Moment. Das schaffst du, indem du mit offenen Augen und Ohren durch die Welt gehst, den Tag und dein Leben bewusst wahrnimmst.

Sei dankbar. Dankbarkeit ist eine sehr starke Emotion, die du für dich nutzen kannst.

Stelle dir dafür folgende Fragen:
- Wofür bin ich in diesem Moment meines Lebens dankbar?
- Was genau lässt mich dankbar sein?
- Was läuft zurzeit gut in meinem Leben?
- Worauf bin ich in diesem Moment meines Lebens stolz?
- Worüber bin ich in diesem Moment meines Lebens glücklich?

Besonders effektiv sind diese Fragen, wenn du sie dir am Morgen nach dem Aufwachen stellst, denn zu dieser Tageszeit ist unser Unterbewusstsein besonders aufnahmebereit.

Besuch im Internet mal die Seite www.deathclock. com. Dort kannst du sehen, wie viele Sekunden du noch zu leben hast. Das ist zugegebenermaßen ein wenig makaber, aber sehr bewusstseinsfördernd.

29. Fokus: Die Macht des Tunnelblicks

»Es ist schwer, viele Wege des Lebens zugleich zu gehen.«
(PYTHAGORAS VON SAMOS)

Worüber denkst du den ganzen Tag nach? Über die Dinge, auf die du dich fokussiert hast. Dein Fokus ist wichtig. Das predigt jeder Motivationstrainer. Doch was verstehen wir darunter? Was ist Fokus? Fokus ist die Fähigkeit, alle Energie auf einen Punkt zu richten, das bedeutet, einer einzigen Sache seine vollkommene Aufmerksamkeit zu schenken und alles andere auszublenden. Fokus bedeutet, wenn ich etwas tue und während ich es tue, nicht darüber nachzudenken, wie ich das tue. Sondern tun, tun, tun. Fokus ist die Konzentration auf das Wesentliche.

Was Fokus wirklich bedeutet, lernte ich zum ersten Mal beim Grand Raid Réunion kennen. Oder der »Diagonale der Verrückten«, wie dieser Lauf von den Einheimischen liebevoll genannt wird. Die Insel La Réunion, ein französisches Übersee-Department, 800 Kilometer östlich von Madagaskar, ist einmal im Jahr Austragungsort dieses extremen Ultra-Cross-Laufs. Ich habe noch nie zuvor einen Lauf gemacht, der technisch so anspruchsvoll war. 150 Kilometer mit knapp 9.000 Höhenmetern nonstop galt es im Oktober 2008 zu überwinden. Dafür hast du 66 Stunden Zeit zur

Verfügung. Wenn du bei diesem Lauf gesund ins Ziel kommen willst – und es sind schon Läufer tödlich verunglückt –, darfst du mit deinen Gedanken ausschließlich im Hier und Jetzt sein. 100 Prozent Fokus ist angesagt. Konzentration auf jeden einzelnen Schritt. Immer nur auf den nächsten Schritt. Der Körper folgt dem Kopf. Worauf du deinen Fokus lenkst, das lenkt dein Leben. Kantige Felsen, matschige Pfade, steile Berghänge, senkrechte Felswände, steinige Lavawüsten und immer wieder tückische Schluchten machen diesen Grand Raid extrem anspruchsvoll. Jeder Schritt bestimmt über deine Gesundheit. Machst du einen falschen, kann das Rennen vorbei sein. Ich muss bei jedem Schritt genau wissen, wo ich meinen Fuß als Nächstes hinsetze. Du lebst während dieses Rennens nur in der Gegenwart. Alles andere um dich herum hast du ausgeblendet. Steuererklärung ausgeblendet. Biergarten ausgeblendet. Buchmanuskript ausgeblendet. Freundin ... auch an sie denkst du nicht. Nichts anderes als nur der nächste Schritt darf in deinen Kopf hinein. Meine Welt reduziert sich auf diesen jeweils nächsten Schritt. Alles mich Umgebende tritt zurück und ich erlebe bloß noch mich selbst. Die komplette Reduktion auf mich selbst. Je müder der Körper wird, umso wichtiger ist die Konzentration.

Als ich nach 56 Stunden und 42 Minuten das Ziel erreichte, war ich fix und fertig. »J'ai survécu«, ich habe überlebt, lautete die Aufschrift auf meinem Finisher-Shirt.

Was im Sport gilt, gilt auch im Alltag. Wie wirst du erfolgreich? Indem du dir ein klares Ziel setzt, deinen Fokus über einen langen Zeitraum ausschließlich auf diesem einen Ziel hältst und dich durch nichts ablenken lässt. Keine Nebensächlichkeiten. Keine neuen Projekte. Keine anderen Ziele. Nur das eine. Zu jedem Zeitpunkt in unserem Leben gibt es nur eine Sache, die wirklich wichtig ist. Es kann immer nur ein großes Ziel existieren. Worauf du dein Fokus richtest, kommt als Gedanke in dein Bewusstsein. Worauf du dich fokussierst, bestimmt deine Gedanken. Aus Gedanken entstehen Gefühle. Aus Gefühlen werden Handlungen. Handlungen erzeugen Ergebnisse. Und Ergebnisse bestimmen dein Schicksal. So entscheidet der Fokus über dein Leben.

Im Sport hängt dein Erfolg zu 80 Prozent von deinen mentalen Fähigkeiten ab. Mental heißt, die geistigen Kräfte zielgerichtet zu steuern, sich in Wettkampfsituationen voll fokussieren zu können und sich durch nichts ablenken zu lassen. Wir können nur einen Gedanken zur gleichen Zeit haben. Entweder lenke ich diesen Gedanken bewusst dorthin, wohin ich will. Oder ich bin eben abgelenkt. Dazwischen gibt es nichts. Für längere Zeit konzentriert zu bleiben ist eine enorme Herausforderung. Wir sind häufig abgelenkt, denn wir leben heute in einer defokussierten Gesellschaft. Tagtäglich werden wir mit unzähligen Informationen bombardiert. Vor allem mit negativen. Fernsehen, Zeitungen, Magazine, Social Media, Radio, Internet. Medien defokussieren. Medien machen dich zu einem passiven, unbeteiligten Spieler deiner Umwelt. Sie führen dich in eine Scheinwelt. Doch für viele Menschen ist es offensichtlich eine bequeme Welt. Wie viele Menschen schauen lieber Fußballprofis im Fernsehen zu, statt selbst auf dem Bolzplatz zu spielen? Wie viele Menschen sitzen lieber zu Hause auf der Couch und schauen dem »Traumschiff« zu, statt sich selbst auf eine Reise zu begeben? Wie viele Menschen machen sich Gedanken über Fernsehstars, statt über ihr eigenes Leben nachzudenken und es eigenverantwortlich zu gestalten? Fernsehen ist die Ablenkung Nummer eins. Viele Menschen schauen lieber fern, statt an den eigenen Zielen zu arbeiten.

Meinen Fokus richte ich ganz gezielt nur auf mein Leben. Fokus bedeutet, an deinem Traum zu arbeiten, wenn alle anderen vor der Glotze sitzen. Ich schaue ganz selten fern, höre kein Radio und habe noch nie eine Tageszeitung abonniert. Warum? Weil ich lieber selbst denke. Weil ich meinen Fokus lieber auf Dinge richte, die in meinem Leben von Bedeutung sind. Fokussiert zu bleiben und sich nicht ablenken zu lassen ist eine Kunst. Es stellt in der heutigen Mediengesellschaft eine große Fähigkeit dar, Dinge ignorieren zu können.

Lerne, deinen Fokus richtig zu steuern. Sobald du deinen Fokus im Griff hast, lenkst du dein Denken und deine Emotionen in die richtige Richtung. Richte deinen Fokus auf die positiven Elemente in deinem Umfeld und sieh die guten Dinge in einer Situation. Wenn du dich auf deine Sorgen, deine Zweifel, den Mangel, die Dinge, die du noch nicht hast, konzentrierst, lenkst du deinen Fokus auf das Negative. Sobald du anfängst, dich auf das Positive zu fokussieren, die Chancen, deine Ziele, die Dinge, die du bereits erreicht hast, kommen positive Gedanken in dein Bewusstsein. Auf was fokussierst du dich?

Mein Impuls

Du bekommst in deinem Leben nicht, was du willst, sondern das, worauf du dich fortlaufend konzentrierst. Lenke den Fokus auf das, was du gerade tust! Wenn du arbeitest, dann arbeite. Wenn du feierst, dann feiere. Konzentriere dich auf jede einzelne Aufgabe. Arbeite dabei mit Fokus-Zeiten. Das bedeutet, du arbeitest 60 Minuten an einer Sache, machst anschließend fünf Minuten Pause und arbeitest dann wieder 60 Minuten an der einen Sache. In dieser Zeit gibt es nichts anderes als die eine Sache. Keine E-Mails, keine Telefonate, keine Störungen. Plane dir solche Fokus-Zeiten in deinen Alltag ein.

Trainiere deinen Fokus, deinen Tunnelblick. Eine Übung lege ich dir dazu ans Herz: das Punktsehen. Zeichne bitte einen schwarzen Punkt auf ein Blatt Papier und befestige dieses Blatt dann in Augenhöhe an einer geeigneten Wand. Nimm ein bis zwei Meter von dieser Wand entfernt auf einem Stuhl Platz und blicke in Richtung des Punktes. Entspanne dich, soweit es dir möglich ist, und versuche deine Wirbelsäule aufrecht zu halten. Nun richte deine Aufmerksamkeit auf den schwarzen Punkt. Bleib jedoch entspannt und blicke ganz unverkrampft auf das Blatt Papier vor dir an der Wand. Schau einfach nur auf den Punkt. Sobald ein störender Gedanke auftaucht, richte deine Aufmerksamkeit erneut auf den Punkt. Vielleicht stellst du dir vor, dass zwischen dir und dem Punkt eine besonders intensive Beziehung besteht – einem Lichtstrahl vergleichbar, der zwischen dir und der Wand verläuft.

Führ diese Übung nur so lange aus, wie es dir ohne Verspannung möglich ist. Nimm mehrmals täglich die beschriebene Position ein und fixiere den Punkt eine Zeit lang. Ideal ist eine Zeitdauer von jeweils zehn Minuten. Wiederhole diese Übung so lange, bis du jederzeit deine Gedanken vollständig auf den Punkt konzentrieren kannst.

30. Stolpersteine: Kleine Dinge – große Auswirkungen

»Die Menschen stolpern nicht über Berge, sondern über Maulwurfshügel.«
(KONFUZIUS)

Verdammt, ist das ärgerlich! Eben ist mir beim Berg-ablaufen ein winzig kleiner Stein in den Schuh ge-rutscht. Bei meinem rechten Schuh hat sich vor einer Stunde meine Gamasche gelöst, die dafür sorgt, dass der Schuh frei von Steinen bleibt. Halb so wild, denke ich mir. Ich habe schon fast 90 Kilometer zurückgelegt. Noch über 70 trennen mich vom Ziel. Ich sollte kurz anhalten und den Schuh ausziehen. Doch dann verliere ich Zeit, kommt es mir gleich in den Sinn. Ist ja nur ein kleiner Stein, relativiere ich den Zustand. Beim nächs-ten Verpflegungspunkt reicht es ja noch aus. So laufe ich weiter, ignoriere den Stein und erfreue mich an der herr-lichen Landschaft. Kurze Zeit später spüre ich eine leich-te Druckstelle an der Sohle des rechten Fußes. Dieses Gefühl verstärkt sich mit jedem gelaufenen Meter. Mir wird augenblicklich klar, was dieser Schmerz bedeu-tet: Eine Blase hat sich gebildet. Unangenehm! Und vor allem überflüssig. Als ich am nächsten Checkpoint in Arnuva meine Socken ausziehe, erschrecke ich ein wenig darüber, was sich da auf meinem Fuß gebildet hat: eine riesengroße Blase!

Kleine Dinge können irgendwann große Auswirkungen haben. »Die Menschen stolpern nicht über Berge, sondern über Maulwurfshügel«, sagte einst Konfuzius. Wir scheitern häufig nicht an den großen Aufgaben, sondern an Kleinigkeiten. Scheinbar Nebensächliches bringt uns von unserem Ziel ab.

Das Problem dabei ist, dass wir solche Kleinigkeiten häufig nicht oder zu spät wahrnehmen. Denn vieles im Leben entwickelt sich langsam und schleichend. Das ist gefährlich. Wenn du morgen aufwachen würdest und hättest 120.000 Euro Schulden, wärst du dann beunruhigt? Natürlich. Aber wenn sich die Dinge langsam entwickeln: unnötige 4,50 Euro heute, 12,50 Euro morgen, dann neigen wir dazu, das nicht ernst zu nehmen. Doch alles in unserem Leben addiert sich auf. Wenn du morgen auf der Waage plötzlich 25 Kilogramm Übergewicht hättest, wärst du dann beunruhigt? Vermutlich! Doch wenn du diesen Monat ein Kilogramm zunimmst und im nächsten Monat 1,5 Kilogramm, dann neigen wir dazu, das nicht so dramatisch zu sehen. Unterschätze nie die Bedeutung und Wirksamkeit von Kleinigkeiten, denn diese summieren sich. Jede Aktivität bringt uns unserem Ziel näher oder entfernt uns von ihm. Es gibt kein Neutral. Es scheint keine Rolle zu spielen, ob wir heute eine Tafel Schokolade oder einen Apfel essen. Ob wir ein gutes Buch lesen oder im Fernsehen Seifenopern anschauen. Ob wir zehn Euro sparen oder sie ausgeben. Aber nach fünf oder zehn Jahren ist ein großer Unterschied sichtbar. Unser Leben ist die Summe aller getroffenen Entscheidungen.

Mein Impuls

Kleine Dinge können irgendwann große Auswirkungen haben. Deshalb: Achte auf Kleinigkeiten und vermeintlich Unbedeutendes.

Was sind deine Stolpersteine im Leben? Mach dir diese bewusst und schreib sie auf.

31. Rückschläge: Wer hinfällt, muss nicht scheitern

»*Ein tiefer Fall führt oft zu höherem Glück.*«
(WILLIAM SHAKESPEARE)

Im Oktober 2010 nahm ich am Jungle Marathon teil, der als der gefährlichste Abenteuerlauf der Welt gilt. 222 Kilometer in sechs Etappen läuft man bei diesem Rennen durch dichten Amazonas-Regenwald. Hüfttiefe Sümpfe, handgroße Spinnen, fleischfressende Pflanzen und grüne Wände aus gewaltigen Bäumen bilden eine unheimliche und gleichzeitig faszinierende Umgebung. Der Untergrund ist schlammig, lehmig, und Baumwurzeln, Zweige und Gestrüpp erweisen sich als unangenehme Hindernisse. Dazu kommen immer wieder trübe Sümpfe und unangenehme Flussdurchquerungen. Eine weitere Besonderheit bei diesem Rennen ist die Tatsache, dass jeder Läufer seine komplette Ausrüstung inklusive Essensvorräten für sieben Tage mit dabei haben muss. Nur Wasser bekommt man vom Veranstalter bereitgestellt. Das bedeutet insgesamt zwölf Kilogramm an Gewicht, was das Laufen enorm erschwert. Jeder zurückgelegte Meter kostet in dieser erbarmungslosen Umgebung die doppelte Energie. Die äußeren Bedingungen machen diesen Jungle Marathon extrem. Temperaturen von teilweise vierzig Grad im Schatten und eine Luftfeuchtigkeit von fast hundert Prozent gehen brutal an die Substanz und ziehen dir den letzten Tropfen Flüssigkeit aus dem

Körper. Nach den gestrigen 17 Kilometern auf der ersten Etappe stehen heute am zweiten Tag 24 Kilometer auf dem Programm. Und ich fühle mich schon zu diesem frühen Zeitpunkt des Rennens so saft- und kraftlos wie eine ausgepresste Zitrone. Unendlich langsam komme ich nur voran, und ich bin heilfroh, als ich endlich im Ziel bin. Sechs Stunden und dreißig Minuten für 24 Kilometer. Plötzlich fängt alles um mich herum an, sich zu drehen. Mir wird auf einmal schlecht und schwindelig. Umgehend begebe ich mich zum Ärzteteam. Dort angekommen, breche ich zusammen. Ab diesem Punkt habe ich einen totalen Filmriss. Zitternd liege ich wohl stundenlang am Boden, unfähig, mich aufzurichten, geschweige denn aufzustehen. Einer Infusion folgt die nächste. Ich bin fix und fertig mit der Welt. So etwas habe ich bisher noch nicht erleben müssen.

Was kann ich denn in dieser Situation tun? Ich kann entweder meine Anstrengung erhöhen und das Rennen mit aller Gewalt durchziehen, auf Kosten meiner Gesundheit. Oder ich lasse in diesem Fall meine Vernunft walten, akzeptiere die Bedingungen und gebe das Rennen auf. Ich entscheide mich intuitiv für die zweite Variante. Und das ist hart. Richtig hart! Der Entschluss, dieses Rennen abzubrechen, war eine der schwersten Entscheidungen in meinem bisherigen Leben.

Dabei hatte ich mich sehr akribisch auf den Jungle Marathon vorbereitet und wieder einen großen Aufwand betrieben, viel Energie, viel Zeit und viel Geld in dieses Laufprojekt investiert. Und dann, nach nur zwei Tagen, nach ganzen vierzig gelaufenen Kilometern war das Rennen für mich zu Ende. Aus und vorbei. Wie ein Häufchen Elend saß ich auf dem schlammigen

Dschungelboden im Lager und starrte ins Leere. Eine eigenartige Ruhe umgab mich. Für den wolkenfreien Himmel mit seinen funkelnden Sternen hatte ich überhaupt keine Augen. Ich war einfach nur leer, unfähig, einen klaren Gedanken zu fassen.

So sieht es in meiner Welt, in der Welt eines Extremsportlers, aus. Wie schaut es bei dir aus? Läuft bei dir im Job immer alles glatt? Hast du immer nur zufriedene und begeisterte Kunden am Telefon? Kommst du stets locker und lässig zum Vertragsabschluss? Schreibst du ausschließlich sehr gute Klausuren? Kannst du nur Erfolge feiern? Natürlich nicht. Auch bei dir gehören Rückschläge und das Scheitern zum Alltag.

Nehmen wir dazu ein einfaches Beispiel: Kinder. Meine Tochter Marla ist, während ich diese Zeilen schreibe, vier Jahre und zwei Monate alt. Vor über drei Jahren war es für mich sehr interessant zu sehen, wie sie ihre ersten Gehversuche unternommen hatte. Sie zog sich an einem Gegenstand hoch, zum Beispiel einem Regal oder Stuhl, ging zwei Schritte und fiel auf den Boden. Was machte sie dann? Sie gab nicht auf, sondern zog sich am Regal oder Stuhl wieder hoch, ging erneut ein paar Schritte und landete dann wieder auf dem Boden.

Das ist doch eine sehr gute Metapher für uns alle. Wir scheitern. Wir stehen auf. Wir entwickeln uns weiter. Entscheidend ist nicht, ob wir auf die Schnauze fallen, sondern nur, ob wir danach wieder aufstehen! Nur auf das Aufstehen kommt es an. Nach meinem Abbruch beim Jungle Marathon hätte ich ganz leicht am Boden liegen bleiben, jammern und die Schuld bei anderen suchen können: beim Wetter, beim Streckenprofil oder beim Veranstalter. Ich hätte mich auch wochen- und monatelang verkriechen oder meine Laufschuhe ganz an den Nagel hängen können. Doch ich machte etwas anderes: Ich suchte mir schon beim Rückflug von Brasilien ein neues Ziel. Und dieses neue Ziel ließ mich den Schmerz beim Jungle Marathon vergessen und motivierte mich gleichzeitig weiterzulaufen. Dieses neue Ziel ließ mich wieder aufstehen.

Wir alle müssen lernen, mit Niederlagen und Rückschlägen umzugehen, denn sie gehören einfach zum Leben dazu. Regelmäßig finden wir uns in Situationen wieder, die wir eigentlich anders geplant oder uns zumindest anders erhofft haben. Der große Unterschied ist, wie wir mit Rückschlägen umgehen. Wut, Zorn, Trauer – eine emotionale Reaktion nach einer Niederlage ist vollkommen in Ordnung, denn sie hilft bei der Verarbeitung. Wir können jedoch trainieren, Rückschläge schneller und besser wegzustecken. Vor allem aber können wir lernen, Niederlagen objektiv zu betrachten und bewusst zu reflektieren und zu analysieren. Auf diese Weise haben wir eine Chance, ganz gezielt aus ihnen zu lernen.

Mein Impuls

Du wirst auf dem Weg zu deinem Ziel des Öfteren auf die Schnauze fallen. Das ist vollkommen in Ordnung. Nur: Bleib bitte nicht zu lange liegen. Sieh Rückschläge und Niederlagen vielmehr als wesentlichen und notwendigen Bestandteil auf dem Weg zum Erfolg. Rückschläge sind ganz normal und gehören zu unserem Leben dazu wie Siege und Triumphe. Dauerhaften Erfolg gibt es nicht. Allein dir diese Tatsache bewusst zu machen hilft. Wirklich verloren hat nur derjenige, der nach einem Sturz nicht wieder aufsteht.

Folgende Schritte helfen dir beim Umgang mit Rückschlägen:

- Analysiere die Niederlage: Was genau ist schiefgelaufen? Warum ist es schiefgelaufen? Was war die Ursache? Reflektiere die Situation. Beantworte die Fragen schriftlich.
- Akzeptiere die Situation und übernimm dafür die volle Verantwortung.
- Setz dir ein neues Ziel: Damit bekommst du Kraft und die notwendige Motivation, wieder schnell ein neues, positives Handlungsmuster aufzubauen.
- Mach den ersten Schritt und komm ins Handeln!

32. Teamwork: Motivation durch das richtige Umfeld

»Mit einer Hand lässt sich kein Knoten knüpfen.«
(UNBEKANNT, MONGOLEI)

Wenn du mich auf meinen Vorträgen erlebst oder meine Laufabenteuer verfolgst, kann der Eindruck entstehen, dass ich ein Einzelkämpfer und Individualist bin. Weit gefehlt. Ohne mein Team wäre ich nichts. Ohne meine Redneragentur, ohne meinen Fotografen, ohne meinen Physiotherapeuten, ohne mein Support-Team und vor allem ohne meine Familie wäre ich nichts. Die Bedeutung eines gut eingespielten Teams wurde mir zum wiederholten Mal beim Lauf durch das australische Outback bewusst. Auf der siebten Etappe dieses 1.120 Kilometer langen Laufs bekam ich das unter Langstreckenläufern berüchtigte Schienbeinkantensyndrom. Gepaart mit einer Oberschenkelverhärtung. Jeder einzelne Schritt war nun eine absolute Qual für mich. Anstatt eines flüssigen Lauftempos war humpeln angesagt. Es war die Hölle auf Erden für mich. Vom Start bis zum Ziel einer Etappe erlebte ich täglich immer wieder Krisen. Mentale Krisen, muskuläre Beschwerden, Magenprobleme. Die Schmerzen nahmen täglich zu und meine Laune sank. Ich weiß noch gut, dass ich am Ende von Etappe 7, als ich ins Lager humpelte, dachte: Wie soll das bloß weitergehen? Wie soll ich bitte weiterhin jeden Tag zwei Marathons laufen? Ich hatte zu diesem Zeitpunkt nicht einmal die Hälfte der Gesamtstrecke absolviert. Fast 600 Kilometer bis zum Ayers Rock lagen noch vor mir. Ich war fix und fertig mit der Welt. Frustriert, deprimiert und unfähig, einen klaren Gedanken zu fassen. Die folgende Nacht schlief ich so gut wie gar nicht. In meinem Kopf ratterte es ununterbrochen. Ich hatte Zweifel. Und meine Zweifel übertrugen sich auf das Team. Auch Kevin, Chris und Marian merkten natürlich, wie es mir ging. Aber sie waren es, die mich aufbauten, die mir halfen, die mich unterstützten, die mir Mut zusprachen. Mein Team gab mir die Stärke zurück. Wir schafften es und kamen erfolgreich am Ayers Rock an. Ohne Chris, Marian und Kevin hätte ich dieses Laufabenteuer nicht erfolgreich bewältigen können. Teamwork spielt eine entscheidende Rolle, wenn es um Projekte wie in Australien geht. Aber nicht nur dort.

Wir alle werden durch unser tägliches Tun und durch die Menschen in unserem Umfeld definiert. Willst du also dein Leben verändern, dann verändere dein Umfeld.

Mit welchen Menschen verbringst du am meisten Zeit? Unterstützen dich diese Menschen beim Verfolgen deiner Ziele? Oder bringen sie dich davon ab? Wie sieht dein Team aus?

»Sag mir, wer deine Freunde sind, und ich sage dir, wer du bist.« Daran glaube ich. Schau genau hin, mit welchen Menschen du dich umgibst. Du bist der Durchschnitt jener fünf Menschen, mit denen du am meisten Zeit verbringst. Deshalb ist es so elementar wichtig, dass du deine kostbare Lebenszeit mit Menschen teilst, die dich voranbringen. Damit meine ich Menschen, die ähnliche Ziele haben wie du, die schon da sind, wo du hinwillst.

Der Schlüssel, ein erfolgreiches Team zu finden, ist dein eigener Fokus. Richte deinen Fokus bei der Auswahl deines Teams auf deine guten Gefühle. Hör auf dein Bauchgefühl! Werden deine Träume respektiert? Bist du bei einem Gespräch energiegeladen? Geben dir diese Menschen Energie? Oder ziehen sie dir Energie? Welche Werte leben diese Menschen?

Mein Impuls

Such dir das für dich und deine Ziele passende Umfeld. Menschen, die ähnlich denken wie du, motivieren und inspirieren dich. Sieh dir die Menschen, mit denen du die meiste Zeit verbringst, genau an. Deine Freunde, Kollegen oder Bekannten. Jene fünf Menschen, mit denen du am meisten Zeit verbringst, haben großen Einfluss auf dich.

Halte Energievampire klein. Vermeide sie. Das Leben ist zu kurz, um Zeit zu verschwenden! Du solltest dir folglich gut überlegen, ob du die wenige Lebenszeit, die dir zur Verfügung steht, mit Leuten verbringen willst, die dich hemmen statt voranbringen.

33. Durchhaltevermögen: Weshalb 87.600 Stunden zum Erfolg führen

»Ausdauer wird früher oder später belohnt. Meist später.«
(WILHELM BUSCH)

Ausdauer ist langfristig gesehen der wichtigste Erfolgsfaktor im Leben. Denn: Fehler kannst du korrigieren, Probleme kannst du lösen. Aber wenn du aufgibst, dann ist es vorbei. Ich weiß, wovon ich spreche. Denn der Weg, den ich als Ultramarathonläufer gegangen bin und immer noch gehe, ist nur durch die Rückschläge im Marathon möglich geworden. Die ersten Jahre meiner Laufkarriere konzentrierte ich mich hauptsächlich auf die Marathondistanz, und diese wollte ich so schnell wie möglich absolvieren. Unter drei Stunden hieß im Jahr 2002 mein großes Ziel. Ich wollte beim Venedig-Marathon diese magische Grenze schaffen. Am Ende lief ich dort 3 Stunden, 8 Minuten und 31 Sekunden. Ich ließ mich durch diese Erfahrung nicht entmutigen und versuchte es ein halbes Jahr später wieder. Beim Paris-Marathon im April 2003 lief ich dann 3 Stunden, 9 Minuten und 15 Sekunden. Ich versuchte es wieder, und auch beim Köln-Marathon im Oktober 2003 schaffte ich es nicht, unter drei Stunden zu bleiben. Ich war frustriert, deprimiert und eine Welt schien für mich zusammenzubrechen. Bei der Suche nach neuen läuferischen Zielen entdeckte ich die Ultradistanzen für mich. Auf einmal nahm ich diese Strecken, jenseits der 42 Kilometer des Marathons, wahr. Zuvor hatte ich immer nur durch die Brille eines Marathons geschaut. Und erst auf den Ultramarathondistanzen, auf denen ich meine Stärken viel besser einsetzen kann, stellten sich nach und nach Erfolge ein.

Was ich in meiner Laufkarriere gelernt habe, ist, dass es keinen schnellen Erfolg gibt. Auf dem Weg zum Ziel gehören Rückschläge, Hindernisse und Hürden dazu. Und das erfordert Ausdauer und Durchhaltevermögen, zwei wesentliche Eigenschaften, wenn es um persönlichen Erfolg geht. Als ich mir vor Kurzem wieder das Höhenprofil des Ultra-Trail du Mont-Blanc, eines der anspruchsvollsten Bergläufe in Europa, angesehen habe, stellte ich fest, dass dieses Profil doch auch unser Leben symbolisiert. Das Profil dieses extremen Berglaufs über mittlerweile 166 Kilometer, 9.400 Höhenmeter und zehn alpine Bergpässe spiegelt unser Leben wider. Denn unser Leben verläuft nicht auf einer ebenen, geraden Strecke wie bei einem Citymarathon. In unserem Leben geht es doch immer wieder auf und ab, Hochs und Tiefs wechseln einander ab. Zunächst gilt es, überhaupt einmal zu starten, anzufangen und die ersten Schritte zurückzulegen. Zu Beginn haben wir häufig noch die Begeisterung und die Leidenschaft in uns. Alles scheint einfach zu sein und wie von selbst zu laufen. Doch auf dem weiteren Weg treten dann die ersten schwierigen Situationen auf. Hürden und Hindernisse stellen uns auf die Probe.

Solche Hindernisse sind beim Lauf um den Mont Blanc beispielsweise die brutalen Anstiege, das Laufen bei Nacht, die eisige Kälte, die Müdigkeit oder die steilen Abstiege. Im Alltagsleben können solche Hindernisse schwierige Telefonate, wichtige Präsentationen, entscheidende Spiele oder schwerwiegende Verletzungen und Krankheiten darstellen. An diesem Punkt entscheidet es sich: Gehen wir weiter oder geben wir auf? Sehen wir das Hindernis als unüberwindbar an oder betrachten wir es als Herausforderung? Jetzt kommt es nur auf das Durchhaltevermögen an. Viele Menschen geben leider schon beim ersten Berg, bei der ersten Hürde, beim ersten Hindernis auf. Andere überwinden die Anfangsschwierigkeiten, geben dann aber mittendrin auf. Oder sie bezwingen fast alle Hindernisse und hören kurz vor dem Ziel, beim allerletzten Hindernis, auf. Obwohl nur noch ein paar Meter zum Ziel fehlen, ein wenig mehr Anstrengung notwendig gewesen wäre, um den großen Erfolg zu erreichen. Wenn du vor einem steilen Berg stehst und in dir Zweifel aufkommen, ob du diesem Hindernis gewachsen bist, besteht die große Kunst darin, einfach weiterzumachen. Ob beim Extremsport oder im normalen Leben.

Doch wie schaffen wir das? Wie schaffen wir es, nach zehn erfolglosen Telefonaten wieder zum Hörer zu greifen und weiterzumachen? Wie schaffen wir es, uns nach drei erfolglosen Marathonläufen für den nächsten zu motivieren? Indem wir uns bewusst machen, dass wir Zeit brauchen. Ausdauer und Durchhaltevermögen haben sehr viel mit Zeit zu tun. Ich kann nicht heute mit dem Laufen beginnen und dann schon übermorgen erfolgreich 166 Kilometer um den Mont Blanc laufen wollen. Das geht nicht. Wir müssen uns einfach von Anfang an bewusst machen, dass es ein langer Weg zum Erfolg ist. Zuerst muss immer die Anstrengung erfolgen und erst danach, mit zeitlicher Verzögerung, erhalten wir die

Belohnung. Und über diese zeitliche Verzögerung müssen wir uns schon von Beginn an im Klaren sein. Ich muss zunächst unzählige Stunden in mein Training investieren, um überhaupt um den Mont Blanc laufen zu können und dann auch ins Ziel zu kommen. Klingt eigentlich logisch, oder? Den umgekehrten Weg zu gehen macht schlichtweg keinen Sinn. Doch genau das wollen anscheinend viele Menschen: erfolgreich sein und dafür nichts tun. Doch so funktioniert das nicht. Zu diesem Punkt können wir sehr bildhaft das Pareto-Prinzip, besser bekannt als die 80:20-Regel, anwenden. Achtzig Prozent eines Erfolgs kommen erst mit den letzten zwanzig Prozent der Anstrengung. Oder anders ausgedrückt: Wir müssen zunächst einmal einen Großteil an Zeit und Energie (80%) aufwenden, um überhaupt die ersten Erfolgserlebnisse (20%) zu bekommen. Das erfordert kurzfristig Selbstdisziplin und langfristig einen langen Atem.

Wie lange benötigen wir, um auf einem Gebiet, egal in welchem Lebensbereich, zur Spitze zu gehören? Wie lange brauchen wir, bis wir eine Sache, die wir beginnen, sehr gut beherrschen? Bis es so weit ist, dass jemand in seinem Schwerpunktthema Expertenstatus erhält, sind mindestens sieben, realistischerweise eher zehn Jahre notwendig. Zehn Jahre. Oder 120 Monate oder 3.650 Tage oder 87.600 Stunden. Doch viele Menschen gehen tatsächlich davon aus, dass sie von heute auf morgen erfolgreich werden, dass sie gar nichts dafür tun müssen und ihnen alles in die Wiege gelegt wird. Was für ein Trugschluss! Ohne Arbeit, ohne Engagement, ohne Anstrengung, ohne Selbstdisziplin und vor allem ohne Durchhaltevermögen kommen wir nicht weit im Leben.

Der extreme Ausdauersport ist dafür ein sehr gutes Beispiel. Training, Training und nochmals Training, über Wochen, Monate und Jahre stellt die Basis zum Erfolg dar.

Darüber hinaus bestimmen noch zwei weitere Faktoren, ob du bei einem Extremlauf durchkommst oder aufgeben musst: deine Willenskraft und eben das Durchhaltevermögen. Fehlendes Durchhaltevermögen und mangelnde Beharrlichkeit sind zwei der Hauptgründe, warum viele Menschen scheitern. Sie geben einfach zu früh auf.

Mein Impuls

Du brauchst Zeit, bis du in einem Lebensbereich wirklich Erfolg haben kannst. Nichts geschieht von heute auf morgen. Zuerst erfolgt immer die Anstrengung und erst danach, mit zeitlicher Verzögerung, erhältst du die Belohnung. Und über diese zeitliche Verzögerung musst du dir schon von Beginn an im Klaren sein.

Mach dir bewusst: Du benötigst mindestens ein Jahr, um etwas zum Laufen zu bringen. Deine Selbstständigkeit, ein neues Projekt, eine große Aufgabe. Du benötigst zehn Jahre, um eine Sache exzellent zu beherrschen. Deshalb: Arbeite hart an dir und sei geduldig.

34. Extrameile: Es darf auch mal wehtun

»Wenn einer von dir verlangt, eine Meile mit ihm zu gehen, dann geh mit ihm zwei.«
(JESUS)

Wenn du zehn Liegestütze machst, welche davon ist die wichtigste? Antwort: die elfte. Bei den Liegestützen mache ich jeden Tag nur einen Satz und gebe dabei alles. Also so viele Liegestütze wie möglich. Und wenn ich absolut nicht mehr kann, dann mache ich noch einen Liegestütz. Diesen »Extra-Liegestütz« schaffe ich nicht jedes Mal. An manchen Tagen klappt es, an anderen wiederum nicht. Das ist nicht schlimm. Mir geht es dabei um das Prinzip, das dahintersteht.

In der zusätzlichen Wiederholung, die eigentlich gar nicht mehr geht, liegt das größte Wachstum. Um wirklich zu erfahren, wie gut du sein kannst, musst du bereit sein, die Extrameile zu gehen. Die Extrameile ist eine Lebensphilosophie, eine Form des Seins. Wir sind zu weitaus mehr in der Lage, als unser momentaner Zustand dies vermuten lässt. Unser Potenzial ist viel größer, als wir vermuten. Das gilt für jeden Bereich des Lebens.

Da sich die meisten Menschen in der Regel zu niedrige Ziele setzen, definieren sie damit für sich eine viel zu niedrige Grenze für ihr Leistungsvermögen. Sie richten ihre Ziele nach dem aus, was sie sind, und halten das Erreichen ihres Ziels für das absolute Limit. Obwohl ihr tatsächliches Potenzial viel höher ist. Deshalb befinden sich diese Menschen mit ihrem Ziel weiterhin in ihrer Komfortzone. Komfortabel deswegen, weil sie außerhalb jenes Bereiches sind, wo es wirklich wehtun könnte und wo sie sich überfordern könnten. Nur wenige Menschen akzeptieren keinerlei Grenzen in Bezug auf ihr mögliches Potenzial. Sie haben hohe Erwartungen an sich selbst, glauben an ihr Potenzial und setzen sich große Ziele. Sie messen sich dabei nicht an dem, was sie sind, sondern an dem, was sie gerne sein möchten, und sind bereit, eine zusätzliche Aktivität zu unternehmen, falls dies für den Erfolg notwendig ist. Diese Menschen sind bereit, die Extrameile zu gehen. Die Extrameile macht den Unterschied aus zwischen großem Erfolg und Mittelmäßigkeit.

Warum gehen nicht alle Menschen die Extrameile? Der Mensch neigt dazu, den Weg des geringsten Widerstands zu gehen. Wenn wir nur 50 Prozent zu geben brauchen, warum sollten wir dann 100 Prozent geben? Die Antwort lautet: Weil wir nur dann Respekt vor uns selbst haben. Weil wir nur dann erleben, wozu wir wirklich in der Lage sind. Weil wir nur dann unser Leben in vollen Zügen auskosten und intensiv leben. Ich erlebe das immer wieder selbst bei meinen Abenteuern. Eine Devise von mir, gerade in schwierigen Situationen, lautet: »Es darf auch mal wehtun.« Das bedeutet, ich klammere den Schmerz nicht von vornherein aus. Im Gegenteil. Der Schmerz ist Teil eines Projekts. Schmerz bedeutet Lebendigkeit. Schmerz drückt Dynamik und Bewegung aus. Es macht mir manchmal sogar Spaß, durch den Schmerz zu laufen und trotz des Schmerzes weiter meinen Weg zu gehen. Der Schmerz ist gut. Der Umgang mit der Schmerzzone unterscheidet den Gewinner vom Verlierer. Wer den Schmerz erträgt, ist bereit, die Extrameile zu gehen. »Wenn ich nicht kann, dann muss ich«, lautet eine weitere Devise. Für mich würde es einen ungemein großen Schmerz bedeuten, wenn ich aufgrund eines körperlichen Leidens meine Ziele nicht erreichen kann. Deshalb bin ich bereit, Schwieriges und Hartes auf mich zu nehmen. Das kostet unglaubliche Überwindung und erfordert einen hohen Grad an Willenskraft.

Die Extrameile meint jedoch nicht, 110 Prozent zu geben, wie es manche Motivationstrainer gerne propagieren. Gib 110 Prozent und alles ist möglich! Das geht nicht. Ich kann immer nur 100 Prozent geben. Mehr ist nicht möglich. 100 Prozent sind das Limit. Absolut betrachtet. Wenn du die 100 Prozent aber in Relation zur Höhe des Ziels stellst, dann ist in der Tat mehr möglich. Viel mehr. Wenn du aktuell ein Einkommen von 50.000 Euro verdienst und dein Ziel sind 70.000 Euro: Woher willst du wissen, dass dies der maximale Betrag ist? Sind nicht auch 80.000 Euro möglich? Oder 300.000 Euro? Oder gar 1.500.000 Euro?

Beim Verfolgen deines Ziels wirst du nur in den seltensten Fällen an deine maximale Leistungsgrenze kommen. Du wirst in der Regel unter den 100 Prozent bleiben, was dein mögliches Potenzial anbelangt.

Es gilt also: dein Ziel + Extrameile(n) = dein maximales Potenzial.

So wichtig es ist, die Extrameile zu gehen, genauso wichtig sind Ruhephasen und Regenerationszeiten. Nicht immer und überall sind 100 Prozent notwendig. Oftmals ist es sinnvoller und langfristig zielführender, sich unterhalb der 100-Prozent-Linie zu bewegen. Du musst schlussendlich für dich wissen und entscheiden, in welchem Lebensbereich du die Extrameile gehst und wo nicht.

Mein Impuls

Die Extrameile macht den Unterschied aus zwischen großem Erfolg und Mittelmäßigkeit, zwischen Gewinner und Verlierer. Wer nicht bereit ist, im Leben die Extrameile zu gehen, dem wird vieles entgehen.

Wie sehen deine Extrameilen in deinem Alltag aus? Eine zusätzliche Seite im Fachbuch zu lesen, obwohl du keine Lust mehr hast? Beim Kunden X zum wiederholten Mal nachzufassen wegen eines wichtigen Auftrags? Einen zusätzlichen Liegestütz, obwohl du nicht mehr kannst?

Danach – Das Abenteuer in der Nachlese

Mit dem Ankommen, mit dem Erreichen eines Ziels ist für mich das Abenteuer noch lange nicht zu Ende. Aufgaben wie die Auswertung des Bildmaterials, das Verfassen von Berichten und Pressemitteilungen, Interviews geben und Vorträge halten nehmen im Nachgang eines Projekts viel Zeit in Anspruch. Auch eine Phase der Analyse und Reflektion schließt sich an. Was ist gut gelaufen? Was weniger? Wo besteht noch Optimierungsbedarf?

Nach dem Abschluss eines Laufabenteuers verschiebe ich bewusst meine Prioritäten. Andere Lebensbereiche wie Familie, Freunde, Hobbys treten wieder stärker in den Vordergrund. Ich gönne mir meistens für ein paar Wochen eine läuferische Auszeit, in der ich nur ganz wenig laufe. Entspannen, Pause machen und sich selbst belohnen sind angesagt. Denn ohne neue Energie, ohne neue Motivation kann ich ein neues Abenteuer nicht zielgerichtet angehen. Darum geht es im letzten Kapitel.

35. Belohnungen: Erfolge wahrnehmen und auskosten

»Dinge wahrzunehmen ist der
Keim der Intelligenz.«
(LAOTSE)

Ich sitze auf dem roten, sandigen Boden und genieße dieses unbeschreibliche Glücksgefühl in vollen Zügen. Vor ein paar Minuten bin ich am Ayers Rock angekommen und habe damit mein großes Ziel erreicht. Noch Tage später schwebe ich auf Wolke sieben und bin in Gedanken immer wieder bei diesem Laufabenteuer in Australien. Ich lasse das Rennen noch einmal Revue passieren und erlebe dabei meine persönlichen Höhepunkte erneut: die Weite und Monotonie des Outbacks, die angenehme Wärme der Sonnenstrahlen am Morgen oder die Lagerfeuer und guten Gespräche mit meinen Freunden, das Abtauchen in die faszinierende Natur, die Stille und Abgeschiedenheit des Outbacks. Selbst Tage danach habe ich noch immer ein Gänsehautgefühl bei diesen Gedanken. Als besonderes Ritual hat sich eingebürgert, dass ich nach solch einem Abenteuer mit meiner Familie und meinen Eltern essen gehe. Ich gönne mir dann das eine oder andere Bier und freue mich im Kreise meiner Familie über meine Rückkehr. Die Tage nach dem Lauf lege ich meine Beine hoch und bin froh, nicht laufen zu müssen. Ich genieße die lauffreie Zeit, belohne mich mit ausreichend Entspannung und erfreue mich an meiner

Leistung. Dieses Genießen und Feiern ist für mich genauso wichtig wie die Expedition selbst.

Was im Sport eine Selbstverständlichkeit ist, ist im Berufsleben eher die Ausnahme. Stell dir vor: Du hast soeben eine sensationell gute Präsentation abgeliefert, durch die dein Unternehmen einen lukrativen Auftrag an Land ziehen konnte. Du hast dafür hart gearbeitet, sehr viel Zeit und Energie in dieses Projekt investiert. Was ist danach passiert? Dein Chef und deine Kollegen sind gleich wieder zur Tagesordnung übergegangen? In der Wirtschaft finden in der Regel keine ausgefallene Jubelarien oder ausgiebige Feiern statt. Was im Sport gang und gäbe ist, müssen wir im Geschäftsleben häufig noch lernen. Dennoch hat das Feiern von Erfolgen in allen Lebensbereichen seine Berechtigung als Belohnung für die investierte Zeit, die disziplinierte Arbeit und die aufgewendete Energie. Wir müssen dabei keine ausgelassenen Orgien feiern, in denen der Alkohol nur so in Strömen fließt. Es geht vor allem um die Wahrnehmung des Erfolges, besonders von kleinen Erfolgen. Denn wenn wir Erfolgserlebnisse haben und vor allem diese wahrnehmen, erfahren wir dadurch eine Wertschätzung gegenüber uns selbst und unserer Leistung. Das Problem ist doch, dass wir häufig auf ein großes Ziel, auf einen großen Moment hinarbeiten und dabei die vielen kleinen Erfolge auf dem Weg zum großen Ziel vielfach übersehen. Oder die kleinen Erfolge als Selbstverständlichkeit abwerten, nach dem Motto: »Das war ja gar nichts Besonderes, das kann ich noch viel besser. Warte nur ab, bis ich am Ziel bin.«

Die Kunst ist es, sich gerade an den unscheinbaren Kleinigkeiten des Alltags zu erfreuen und diese als

Erfolge wahrzunehmen. Wenn ich zum Beispiel am Abend durch den Schwarzwald laufe, die eindrucksvolle Stille, das Zwitschern der Vögel, die reine, saubere Luft und den beeindruckenden Sonnenuntergang erleben darf. Das ist Erfolg. Wenn mich meine Tochter nach dem Aufwachen anlächelt und über beide Ohren strahlt, als wäre Weihnachten, Ostern und Geburtstag zusammen. Das ist Erfolg. Wenn ich einen begeisternden Vortrag halte und die Teilnehmer für sich wichtige Impulse mitnehmen, die ihr Leben verändern. Das ist Erfolg. Wenn ich einen Menschen zum Lachen bringe. Das ist Erfolg.

Mein Impuls

Erfolg ist kein Zustand, sondern ein Prozess. Ein Prozess von Erlebnissen und Erfahrungen. Wenn du es schaffst, einen Großteil dieser Erlebnisse bewusst wahrzunehmen und auch zu genießen, dann bist du erfolgreich. Einverstanden? Deshalb: Feiere ruhig den Erfolg, wenn du dein Ziel erreicht hast. Genieße diesen Augenblick! Koste diesen Erfolg aus und geh nicht gleich wieder zur Tagesordnung über. Freu dich darüber, was du geleistet hast. Du hast schließlich hart dafür gearbeitet. Doch genieße genauso die vielen, vielen kleinen Erfolge auf dem Weg zu deinem Ziel. Nimm diese ebenfalls bewusst wahr. Dadurch wirst du weiter motiviert und freust dich auf die nächste Herausforderung.

Wie feierst du einen Erfolg? Nimmst du deine Erfolge als Selbstverständlichkeit hin? Wie lange genießt du einen Erfolg, bevor du wieder weitermachst?

Um deine täglichen Erfolge besser wahrzunehmen, möchte ich dir eine einfache, aber sehr effektive Übung vorstellen. Diese wurde im Rahmen des Projektes »DemOS« (Demenz, Organisation, Selbstpflege) in einer Pflegeeinrichtung durchgeführt. Während eines Zeitraums von zwei bis drei Wochen sollte die folgende Maßnahme täglich umgesetzt werden: Jeder Mitarbeiter steckte bei Dienstbeginn eine Handvoll Bohnen in die linke Tasche. Bei jeder »gelungenen« Begegnung mit Bewohnern oder Angehörigen wanderte eine Bohne aus der linken in die rechte Tasche. Dabei nahm sich der Mitarbeiter einen Moment Zeit, um sich die Bohne anzusehen und sich dabei das »gute Gelingen« oder die erfahrene Zufriedenheit zu vergegenwärtigen. In der Übergabe wurden dann die Erfolge des Tages gefeiert. Jeder Mitarbeiter nahm die eigenen Bohnen aus der rechten Tasche in die Hand. Dann wurden die Bohnen bis auf eine in ein sogenanntes »Bohnenwertglas für Erfolge« geworfen. Die zurückbehaltene Bohne symbolisierte den persönlichen Glanzpunkt des Tages. Das mit der Bohne verbundene Erlebnis wurde den anderen geschildert und die Bohne wanderte ebenfalls in das »Bohnenwertglas«.

36. Pausen: Auf die Balance zwischen Belastung und Erholung kommt es an

»Was keine Pause kennt, ist nicht dauerhaft.«
(Ovid)

Meine sportlichen Abenteuer bewegen sich oft am Limit. Die Belastungen für Körper und Geist gehen natürlich an die Substanz, deshalb ist es enorm wichtig, sie auch entsprechend zu kompensieren. Mein Erfolgsgeheimnis lautet dabei: Pausen.

Ich gönne mir während einer Saison ausreichend Pausenzeiten. Diese Erholungsphasen zwischen den Trainingseinheiten und Expeditionen bilden für mich die Grundlage, um so lange und häufig laufen zu können. Es kommt auf die richtige Dosierung zwischen Training und Erholung an, um langfristig Erfolge zu erzielen. Dies wird im Sport sehr schön durch das Prinzip der Superkompensation beschrieben. Dieses Prinzip beschreibt den systematischen Wechsel zwischen Belastung und Entlastung und bildet den Kern jeder Trainingsmethode. Wenn wir trainieren, greift der Körper seine Reserven an. Nach einem Training sinkt das Leistungsvermögen deshalb zunächst unter das Ausgangsniveau, das wir vor dem Training hatten. Während der folgenden Erholungsphase füllt der Körper seine Reserven nicht nur wieder auf, sondern lagert zusätzliche Energiereserven ein, um für eine neue, stärkere Belastung gerüstet zu sein. Das bedeutet, dass während der Erholungsphase unser Leistungsvermögen in der Regel kontinuierlich steigt, bis es wieder auf dem Level ist, den wir vor dem Training hatten. Und jetzt kommt der alles entscheidende Punkt: Erst in der letzten Phase der Erholung kommt es zur tatsächlichen Leistungssteigerung. Nicht im Training und auch nicht direkt nach dem Training. Deshalb sind ausreichende Pausen und Erholungsphasen elementar wichtig. Entscheidend für mich ist, dass ich mir nicht nur während meiner Laufsaison immer wieder Pausen gönne. Ich genehmige mir jedes Jahr bewusst nach dem Ende einer Saison mehrere Wochen eine läuferische Auszeit. In dieser Zeit laufe ich nur noch zwanzig oder dreißig Kilometer – und zwar in der Woche! Ein Pensum, das ich in der Vorbereitung auf einen Wettkampf normalerweise in einem einzigen Training absolviere, laufe ich dann verteilt über eine Woche. Und soll ich Ihnen etwas verraten: Ich fühle mich ausgezeichnet dabei. Ich genieße den Zustand, auch einmal keine sportlichen Ziele zu haben. Einfach die Beine hochzulegen und dem Körper Zeit für die wohlverdiente Regeneration zu gönnen und sich wieder verstärkt anderen Dingen zu widmen. Genauer gesagt habe ich in dieser Zeit auch ein Ziel, ein ganz klares Ziel sogar, das lautet: Pause machen. Ich plane meine Pausen- und Entspannungsphasen genauso sorgfältig wie mein Training und meine Wettkämpfe. Für mich sind die Pausen genauso wichtig.

Was im Sport eine Selbstverständlichkeit ist, müssen wir in anderen Lebensbereichen, allen voran im Job, häufig noch lernen. Denn das Einlegen von Pausen ist nicht nur im Sport ganz entscheidend. Erholungsphasen helfen uns vielmehr, in allen Lebensbereichen mit unserer Energie sinnvoll umzugehen. Zu viel Energieverbrauch ohne ausreichende Erholung führt dazu, dass wir ausbrennen und die Leistungsfähigkeit nachlässt. Über das Burn-out-Syndrom ist schon einiges geschrieben worden. Tagtäglich können wir in den Medien darüber lesen. Wir verstehen darunter einen Zustand körperlicher und emotionaler Erschöpfung mit deutlich reduzierter Leistungsfähigkeit. In unserer heutigen Gesellschaft stellt es bereits eine der häufigsten Volkskrankheiten dar. Interessant ist die Tatsache, dass diese Krankheit alle sozialen Gruppen treffen kann: Student, Arbeiter oder Topmanager. Das Burn-out-Syndrom schleicht sich zumeist über viele Jahre langsam ins Leben.

Wie bei einem Training sollten wir Pausen systematisch planen und in den Tagesablauf integrieren. Doch häufig planen wir unseren Tag und unsere Woche mit Kundenterminen, Meetings, Seminaren und anderen Terminen und vergessen dabei die Pausen. Diese scheinen für die meisten Menschen unwichtig zu sein. Doch niemand kann ohne Pause arbeiten. Untersuchungen haben bewiesen, dass jeder Mensch durch Pausen aufnahme- und leistungsfähiger wird. Bereits ein fünfzehnminütiges Mittagsschläfchen steigert die Leistungsfähigkeit bis zu dreißig Prozent. Warum machen wir es dann nicht? Warum legen wir uns nicht in der Mittagspause für ein paar Minuten aufs Ohr? Weil Erholung in der heutigen Zeit unglücklicherweise immer noch als Zeichen der Schwäche gesehen wird, anstatt als wichtiger Bestandteil einer nachhaltigen Leistungsfähigkeit. In wie vielen Unternehmen wird es beispielsweise gern gesehen, wenn sich ein Mitarbeiter über die Mittagspause kurz hinlegt?

Viele Menschen entwickeln schon ein schlechtes Gewissen, wenn sie einmal nichts tun. Sie sind in der Beschäftigungsfalle gefangen. Wer nicht ständig etwas unternimmt, dem wird langweilig. Der Mensch, der in seinem Tun einen Sinn sieht, dem wird nicht fad. Wir brauchen Zeit, um Pausen zu machen, zu reflektieren, zu entspannen, nachzudenken. Zeit, um einfach nichts zu tun. Ich genieße Pausen. Als Möglichkeit zur Stille und zur Besinnung auf das Wesentliche. Wir müssen nicht immer etwas tun. Wir können auch manchmal nur sein.

Mein Impuls

Reserviere dir ganz bewusst Pausenzeiten, wenn du deine Wochen-, Monats- und Jahresplanung machst. Trag deine Pausen in deinen Kalender als feste Termine ein. Das motiviert, weil du neben den anstrengenden Terminen bereits die Pausen siehst. Nimm die Pausenzeiten genauso ernst wie deine beruflichen und sonstigen Termine.

Wie wichtig sind für dich Pausen? Wie viele Pausen gönnst du dir während eines Tages, in einer Woche, in einem Monat, in einem Jahr? Wie viel Zeit reservierst du dir täglich für die Mittagspause? Wie lange schläfst du normalerweise?

37. Ablehnung: Umgang mit Kritik

*» Gegen Angriffe kann man sich wehren,
gegen Lob ist man machtlos.«*
(Sigmund Freud)

Frenetischer Applaus. Die Menge tobt. Die 100 Zuhörer im Saal klatschen und sind begeistert. Mein Vortrag fand sichtlich Anklang. Im Anschluss viele interessierte Fragen – ein gutes Zeichen. Zahlreiche signierte Bücher – ein toller Abend. Während ich eifrig Bücher signiere, kann ich aus meinen Augenwinkeln eine Frau beobachten, die in der Ecke des Raums voller Ungeduld wartet. Auf *mich* wartet. Um die vierzig, rotes Haar, gepflegtes Äußeres, dunkles Businesskostüm. Mit verschränkten Armen und grimmigem Gesicht starrt sie genervt auf mich. Sie fixiert mich. Ihr Blick verrät nichts Gutes. Und kaum hat der letzte Besucher meinen Büchertisch verlassen, kommt sie zügigen Schritts auf mich zu und sagt mir, ohne irgendeine Höflichkeitsfloskel, direkt ins Gesicht: »Also, Herr Bücher, was Sie da über Grenzen und Ziele erzählt haben, ist absoluter Schwachsinn. Ihr ganzer Vortrag war eine absolute Katastrophe. Eine Zumutung!« Dabei wird ihr Gesicht immer röter und ihr Hals immer dicker. Ein wenig perplex lasse ich das Gesagte erstmal sacken und gebe ihr dann kurz und trocken zurück: »Vielen Dank für Ihr ehrliches Feedback. Ich wünsche Ihnen noch einen schönen Abend.« Und drehe mich um.

Was mich im Laufe meiner Tätigkeit als Redner gelernt habe, ist Folgendes: In jedem Vortrag findest du drei Gruppen von Menschen. Zum einen Menschen, die von dir und deinem Vortrag begeistert sind. Zum Zweiten Menschen, die sich neutral verhalten. Und zum Dritten Zuhörer, die spotten, lästern und alles kritisieren, was du gesagt hast. Zu Beginn meiner Rednerkarriere wollte ich erreichen, dass alle begeistert sind. Aber das geht nicht. Und manche Menschen haben es sich zur Lebensaufgabe gemacht, immer kritisch und negativ zu sein.

Heute konzentriere ich mich nur noch auf die Gruppe, die meiner Botschaft und meinen Inhalten positiv gegenübersteht. Seither geht es mir viel besser.

Das lässt sich auf andere Lebensbereiche übertragen. Es gibt immer drei Gruppen. Eine Gruppe nimmt dich, deine Idee oder Projekt an. Die zweite Gruppe kann sich nicht entschließen und tut schließlich gar nichts. Und die dritte Gruppe wird dich ablehnen. Ganz gleich, was du tust, du wirst immer diese drei Gruppen finden. Das liegt nicht an dir, sondern einfach in der Natur des Menschen. Die spannende Frage ist: Wie gehst du damit um? Wie gehst du mit Ablehnung und Kritik um? Wie reagierst du darauf? Wir dürfen einerseits Kritik gegenüber nicht blind werden und müssen offen genug sein zu erkennen, wenn einfach etwas nicht funktioniert. Andererseits dürfen wir nicht vergessen, dass es immer Fehlschläge gibt und Kritik unvermeidlich ist. Es gibt nur eine Methode, Kritik komplett zu vermeiden: Sei nichts und tu nichts. Dann kommst du ohne Kritik davon. Sobald du aber etwas tust, erntest du Kritik. Sei dir dessen bewusst!

Es gibt zwei Punkte, die wir im Leben niemals miteinander vereinbaren können. Persönlichen Erfolg zu haben und es jedem recht machen zu wollen. Das ist unmöglich. Es gibt Menschen, die wollen es jedem recht machen und von jedem geliebt werden. Sie passen sich lieber der Gesellschaft und den vorherrschenden Normen an, als ihren eigenen Weg zu gehen. Damit werden sie keinen Erfolg haben. Nichts auf dieser Welt wird allen Menschen gefallen. Es wird immer Menschen geben, die nicht mögen, was du machst. Das ist vollkommen in Ordnung. Jeder soll seinen freien Willen haben. Es steht nicht in unserer Macht Menschen zu verändern, wenn diese es nicht wollen. Aber wir haben die Macht zu entscheiden, ob wir uns von einer Kritik von unserem Weg abbringen lassen oder nicht.

Es ist nicht die Kritik selbst, die verletzt, sondern die Art und Weise, wie wir damit umgehen. Und das wiederum hat mit Emotionen zu tun. Emotionen, die wir im Zusammenhang mit einer Sache, einem Ziel, einem Vorhaben, einem Projekt haben. Vor allem die Emotion über uns selbst. Unberechtigte oder destruktive Kritik kann uns nicht verletzen. Wir können uns nur selbst verletzen. Nämlich dann, wenn die Emotion für die eigene Sache zu schwach ist. Wenn du von deinem Projekt, von deiner Aufgabe, von deinem Plan nicht hundertprozentig überzeugt bist. Nur dann wirst du anfällig gegenüber Kritik. Je mehr Gründe du dafür hast, warum du deine Ziele erreichen willst, desto stärker wird dein Gefühl für dein Projekt. Du kennst deine persönlichen Beweggründe und Motive für dein Projekt sehr genau. Und dann ist es auch nicht wichtig, was andere Menschen darüber sagen. Dann ist dir dein Ziel wichtiger als die Meinung der anderen.

In Bezug auf Kritik stelle ich mir immer nur zwei Fragen. Erstens: Ist die Kritik konstruktiv oder berechtigt? Zweitens: Ist die Kritik destruktiv oder unberechtigt? Trifft die erste Frage zu, nehme ich die Kritik an und beschäftige mich mit ihr. Ist die Kritik destruktiv, dann nehme ich sie nicht persönlich und lasse sie nicht an mich heran. Gedanklich distanziere ich mich von der Kritik, indem ich mir innerlich sage: »Diese Aussage hat für mich keinerlei Bedeutung.« Wir dürfen unser Leben nicht nach den Nörglern ausrichten. Wir ganz allein entscheiden, ob uns Kritik trifft oder nicht. Wir entscheiden, was uns beeinflusst und was nicht.

Mein Impuls

Kritik und Ablehnung bekommen alle Menschen ab. Unterschiedlich ist, wie wir damit umgehen. Und das wiederum hat mit unserem Gefühl zu tun. Das Gefühl, das wir über unsere Sache haben. Über unser Projekt, über unser Ziel, über ein Vorhaben. Vor allem das Gefühl über uns selbst.

Unberechtigte Kritik kann uns nicht verletzen. Wir können uns nur selbst verletzen. Wenn das Gefühl für die eigene Sache zu schwach ist, wird man anfällig gegenüber Kritik und lässt sich von Misserfolg entmutigen.

Differenziere stets zwischen konstruktiver und destruktiver Kritik. Nimm destruktive Kritik nicht persönlich und lasse sie nicht an dich heran. Sag dir innerlich immer wieder: Diese Aussage hat für mich keinerlei Bedeutung.

NORMAN BÜCHER

Extremläufer, Abenteurer und Vortragsredner

Motivationsexperte und Vortragsredner Norman Bücher ist Extremläufer aus Leidenschaft. Der Abenteurer stellt sich extremen sportlichen Herausforderungen und führt eigene Expeditionen in der ganzen Welt durch. Seine Durchquerung der Atacama Wüste in Chile, dem 265-Kilometer-Nonstoplauf durch das Königreich Bhutan und die erfolgreiche Durchquerung des australischen Outbacks in 15 Tagen belegen dies eindrucksvoll. Sein Lebensmotto: break your limits.

Als Diplom-Betriebswirt und Diplom-Sportmarketing-Manager verfügt Norman Bücher über fundiertes wirtschaftliches Fachwissen. Nach längeren Auslandsaufenthalten arbeitete er bei verschiedenen Unternehmensberatungen. Seine jahrelange Erfahrung aus dem Extremsport kombiniert mit seinem Wissen über betriebswirtschaftliche Zusammenhänge, gibt er heute in seinen mitreißenden und spannenden Vorträgen weiter. Der 5 Sterne Redner hat die Gabe, als Referent dem Publikum seinen außergewohnlichen Erfahrungsschatz mit Kompetenz, Leidenschaft und rhetorischem Geschick zu vermitteln. Zu seinen Kunden zählen u.a. SAP, Daimler, UBS, Nikon, Telekom, GlaxoSmithKline. Der Motivationsexperte vermittelt in seinen Vorträgen, was der Extremsport mit dem Arbeits- und Alltagsleben zu tun hat. Besonders die lebendige, authentische und dynamische Art und Weise, mit der Norman Bücher es schafft, den Bogen von seiner sportlichen Welt zum Publikum und zum Business zu schlagen, macht die Einzigartigkeit seiner lehrreichen, unterhaltsamen und bildgewaltigen Vorträge aus.

www.norman-buecher.de
www.extremsport-redner.de

Katrin Zita

Die Kunst, allein zu reisen
... und bei sich selbst anzukommen

Warum muss Selbstfindung immer so anstrengend sein? Kann man etwas Besseres dafür tun als wöchentliche Therapiesitzungen oder den x-ten Workshop am Wochenende zu besuchen? Wie wäre es mit Alleinreisen?

Katrin Zita geht seit mehr als zehn Jahren gern und oft mit sich selbst auf Reisen und sammelte Eindrücke in über 50 Ländern. Sie durchbricht das Klischee, wonach Alleinreisende einsam sind und zeigt, wie das Alleinreisen an die unterschiedlichsten Orte dieser Welt mit Leichtigkeit und Lebensfreude möglich ist.

Hardcover 208 Seiten
Format 13,5x21,5cm
ISBN: 978-3-902903-85-3

Preis: 19,⁹⁵ €

Bestellen Sie unter +43 (0) 1 505 43 76-30 oder per Fax: +43 (0) 1 505 43 76-20 oder unter verlag@goldegg-verlag.com